地 理 学 评 论

（第 五 辑）

—— 第五次"空间行为与规划研究会"学术研讨会

张景秋　刘志林　主编

商务印书馆
创于1897　The Commercial Press

图书在版编目(CIP)数据

地理学评论. 第 5 辑/张景秋,刘志林主编. —北京:商务印书馆,2021

ISBN 978-7-100-17450-3

Ⅰ.①地… Ⅱ.①张… ②刘… Ⅲ.①地理学—文集②人文地理学—文集 Ⅳ.①K90-53②K901-53

中国版本图书馆 CIP 数据核字(2019)第 083052 号

地理学评论(第五辑)

——第五次"空间行为与规划研究会"学术研讨会

张景秋 刘志林 主编

商 务 印 书 馆 出 版
(北京王府井大街36号 邮政编码100710)
商 务 印 书 馆 发 行
北京虎彩文化传播有限公司印刷
ISBN 978-7-100-17450-3

2021年10月第1版 开本787×1092 1/16
2021年10月北京第1次印刷 印张6

定价:38.00元

第五次"空间行为与规划研究会"学术研讨会

2010 年 12 月 18～19 日

主办单位：空间行为与规划研究会

承办单位：清华大学公共管理学院

北京联合大学应用文理学院

目　　录

开幕式

主持人刘志林：首先，请允许我做一个自我介绍，我是刘志林，来自清华大学公共管理学院，非常感谢各位专家学者、各位同学今天来参加第五次"空间行为与规划研究会"学术研讨会。我花一两分钟的时间介绍一下我们这个会议的缘起和主旨。

本次会议是第五次空间行为与规划研讨会，我一直以为第一次会议是2007年12月份在香港浸会大学举办的那次会议，昨天晚上我才意识到原来我们还有第0次会议，时间是在五年前，地点是在离这里不远的大概200米的一个咖啡馆，柴彦威老师、张文忠老师，以及其他十几位学者在一次非正式的交流中就提出，现在国内，包括地理学界、规划学界，越来越重视基于微观数据的空间行为分析，包括在相关的学术领域以及城市规划和政策中的应用，交流的共识是发起成立一个空间行为与规划研究会，每年选择在不同的高校或者研究机构举办一次空间行为与规划的学术研讨。这就是第0次会议的由来。

研讨会第一次在香港举行，第二次是在长春，借助中国地理学会年会，组织了一个分会场，第三次是在上海同济大学由王德老师举办的，第四次是在北京师范大学，也是在中国地理学会年会上以分会场的形式举办的，这次是第五次，我非常荣幸有这样一个机会，和北京联合大学一起来承办本次研讨会。

空间行为与规划研究会的主旨是推动微观数据与空间分析方法的结合，并将这种结合应用在城市研究与规划中。所以，我们每次都希望在方法论层面能够为大家提供一个互相学习和交流的机会。

基于此，本次会议设计了上下两个半场，上半场就各位老师、各位同学在自己研究中的经历，着重交流基于微观数据，包括调查数据以及空间分析中碰到的一些挑战，特别是针对如何解决这些问题和挑战，能有一个深入的交流。我们也希望今天上午的交流，大家能够放开来说，气氛越热烈越好。下午，我们安排了三个专题论文的发言和交流。以上是我们这次会议的基本结构。北京现在挺冷的，我希望我们的会场气氛能够非常的热烈！

对空间行为与规划研究会及其学术研讨会的历程大体介绍到这里。下面有请这次会议的承办单位之一——北京联合大学应用文理学院的张宝秀院长致欢迎词，谢谢！

张宝秀：尊敬的各位嘉宾、各位专家、学者、老师们、同学们，大家上午好！

非常高兴我们北京联合大学应用文理学院能够有机会和清华大学公共管理学院合作，共同承办这次学术研讨会。在此，我谨代表承办方，向各位嘉宾、各位专家学者和朋友们的光临表示热烈的欢迎和衷心的感谢！向主要负责筹办工作的刘志林博士和张景秋博士表示衷心的感谢！向对会议的筹办给予指导的各位专家、朋友、老师，以及在筹办过程中辛勤工作的所有人员表示衷心的感谢！

刚才志林博士也解释了，这次会议的核心是希望与会学者就微观数据和空间分析的城市研究方法论方面进行深入研讨，目的是推动基于微观数据和空间分析方法的城市研究和规划。作为承办单位的北京联合大学应用文理学院城市科学系，一直致力于从中、微观尺度做北京城市研究。城市科学系是在1978年成立的北京大学分校地理系的基础上发展起来的，30多年坚持不断，围绕首都北京的城乡规划建设和发展需要，培养应用型人才。

北京联合大学的人文地理学二级学科，是北京市的重点建设学科，现有两个地理学本科专业，一个是资源环境与城乡规划管理，另一个是地理信息系统①。资源环境与城乡规划管理2008年被评为国家级特色专业建设点。另外，人文地理学学术团队是北京市级学术创新团队。在北京地区"老大哥"式的地理学和城市科学研究单位，特别是北大、清华、北师大、首师大、中科院地理资源所等的大力帮助和提携下，我们在居住空间、办公空间、文化空间以及文化遗产保护与传承方面取得了一定的研究成果。

借此机会，向各位老大哥单位表示衷心的感谢！希望在大家的支持下，北京联合大学的地理学科能够不断进步、提升。像今天就是一个很好的机会，是我们交流和学习的机会，我们希望通过这次研讨会，能搭建起我们，北京联合大学的地理学科和各位专家朋友之间学术交流的窗口、平台、友谊的桥梁。

最后我预祝本次研讨会圆满成功，祝各位嘉宾朋友们身体健康、工作进步！谢谢大家！

主持人刘志林：谢谢张宝秀院长，我要再说一句，因为我比较年轻，所以办会经验不足，在这个过程中我得到了柴彦威老师和张景秋老师的大力支持和指导，在会议期间可能会多多少少出现各种各样的情况，也请大家能够谅解。

现在就正式进入会议议程，因为时间的关系，集体合影就放到特邀发言之后。接下来，我们有请第一个专题的主持人张景秋老师主持。

---

① 2013年教育部本科目录修订后，这两个专业名称分别为：人文地理与城乡规划，地理信息科学。

第一部分　基于微观数据和空间分析的城市研究方法

主持人：张景秋

主持人张景秋：各位嘉宾，大家上午好！

今天上午上半段专题一是"基于微观数据和空间分析的城市研究方法"，本次会议特别邀请了六位嘉宾作主题发言，他们将就其相关研究成果为我们带来学术上的分享。其实，我认为每一次的研究会在一定程度上是带有沙龙性质的。所以，我们可能更希望的是参会人员都能够参与进去，能够进行深入的讨论。当然，下半段有柴彦威老师主持的以讨论为主的环节，但是我也希望上半段在各位特邀嘉宾讲完之后，如果哪位老师、同学有问题，我们是不是可以允许提一个问题？当然更多的问题会在下半段的环节里深入讨论。

下面，我们就热烈欢迎来自香港浸会大学地理系的王冬根教授为大家做"日常出行与幸福感研究"的报告。其实，当我拿到会议议程的时候就对这个题目很感兴趣。2008年中央电视台就播出过对幸福感的民众采访报道，可能每个人的阶层不同、性别不同、受教育程度不同，其幸福感也是不一样的；我们在进行宜居北京研究的过程中也探讨过幸福是否要作为评价宜居的一个指标？我想王老师将会用不同的视角跟我们分享他的研究成果。

1　日常出行与幸福感研究

王冬根　李　菲

王冬根：谢谢景秋的介绍，也谢谢志林和景秋为研讨会做了很多辛勤的工作。

今天很高兴有机会跟大家分享一下关于幸福感和日常出行的研究，这个东西老实说我们也是刚刚开始做，可能也还不是太成熟。我们今年11月份刚刚才完成数据，然后很匆忙地做了分析。其实在国际层面，在出行行为的研究中，关于幸福感的研究也是最近几年的事，尽管幸福感的研究在别的领域里面已经做了很多。今天汇报的内容是跟我的学生李菲一起做的分析研究。

我先大概介绍一下背景,然后讨论幸福感与出行行为之间的关系。其中,最重要的是讨论如何来测度幸福。首先,介绍我们的数据是怎么来的,用什么办法收集的,然后介绍有关概念,最后就数据分析的一些结论进行讨论,基本上是按这样的程序来的。

关于这个研究的主要起因在什么地方呢?我们曾经做过一个交通出行行为的分析。我们知道以前的分析对于出行的一些量度主要用效用函数,它主要的指标就是出行时间、出行花费。后来发现只用这样的指标不一定能完全说明问题,因为这种效用函数通常把它当成负的效应,但是实际上有时候人的出行可能是正的效应,这是一个方面的问题;另外一个方面的问题就是用效用函数预测出行需求可能有时候也不是太准确。最近这几年,大概是五六年的时间,就提出来"能不能用幸福感的指标来量度出行的效用"?为什么这么做呢?因为我们日常出行、活动跟一个人的状况和幸福感是紧密相连的。如果我们能仔细分析这样一个关系的话,对于出行行为预测会有很大的改进。如果这样的预测比较准确的话,那么对于设计比较合适的交通方式及政策可能是有帮助的。这就是研究日常出行与幸福感的原因。

关于幸福感的研究,正如我刚才提到的在别的领域有很多年的研究了,通过文献可以清晰地看到,快乐经济学、幸福心理学、正向心理学这几个领域研究很多。在生活层面,也做了一些幸福感的研究工作,在家庭层面也做了很多。至于在出行行为方面的研究,是这几年的事情,主要研究涉及了以下方面。

第一,是建立了出行行为和幸福感之间的理论模型,这是由瑞典、荷兰的几个学者一起做的。同时,他们也研究了对于日常出行的满足感以及汽车使用和一般性幸福感之间的关系。另外,在美国,有学者研究如何去量度出行与活动的幸福感和出行行为之间的关系,以及影响出行需求模型的关系。在日本学者的一项研究中,他们记录被调查者在出行过程中,比如说搭乘公共汽车的过程中,这个人都做了哪些事情,包括他可能接听电话,可能看窗外,或者什么事也不做,还有这些活动和他当时感觉之间的关系。这个研究对于我们理解出行过程的效用还是很有帮助的。

当然了,这是一个比较新兴的研究领域,还有很多的问题可以研究。我们认为日常出行的一些特征和幸福感之间的关系是一个可以研究的问题,另外一个是出行的活动带给人的幸福感和出行的幸福感之间的关系,诸如此类,会有很多方面的问题。

关于幸福感的概念,我先大体介绍一下。什么叫幸福感?如果给幸福感下一个定义,就是表达个人的一种认知,以及情绪上的状态,或者是幸福的一种感觉,我们可以用一些心理学的指标来量度它。通常可以用满意度来量度,它主要是有两个方面:一个是情绪方面的;另一个是认知方面的。认知方面的满意度,包括对生存状况的满意度。情绪方面的满意度有两类:一类是正面情绪;另一类是负面情绪。这个情绪多半是跟当时在做的事情有关,比如,你现在正在参加这个学术研讨会,你现在的情绪是什么样子的,你觉得很开心或者不开心等等。当然,这种幸福感既有对整体状况的幸福感,也有对某一方面的幸福感。

第二,什么因素可以影响幸福感?之前已经有一些研究成果,我们总结一下,主要分为三个方面的因素:第一,是个人性格对幸福感的决定影响;第二,是个人所从事的一些活动对幸福感的影响;第三,是我们所说的正向生活环境对幸福感的影响。一般来讲,在这三方面的影响因素中,第一方面大概占 50%,第二方面占 40%,第三方面占 10% 左右。而我们关注的出行行为以及日常活动的幸福感主要是受第二个方面的影响。

第三,关于幸福感和社会经济因素之间的关系,包括幸福感与年龄的关系,有研究表明幸福感和年龄之间的关系是 U 字形的,在你年轻的时候你会感觉比较幸福,大概到 40 岁的样子就陷入低潮了,是最不幸福的。随着年龄的增大,幸福感可能会增加,表现为 U 字形的关系。性别好像对幸福感没有特别影响,不能说男性会比女性更开心,或者女性比男性更开心。婚姻状况是比较显著的影响因素,研究发现结婚的人会比不结婚的人愉快很多。收入和教育程度、就业状况也是,收入越高的人好像幸福感越高,但是要收入再增加的话对幸福感的影响力就比较微弱了。最后一个方面就是居住的地方,典型的如城市和乡村的比较分析。

为什么我们觉得幸福感和出行之间是有关系的? 有很多原因,这里也列了一些,其中两个主要原因,一是出行本身,这是一个跟幸福感有直接关系的行为,因为出行不单单是一种行为,比如说选择什么样的交通方式出行,不一定仅仅考虑时间、费用,还可能考虑出行者的生活状况。比如说柴老师要开车上班,可能不一定是便宜的,也不一定节省时间,但是开车上班的感觉是不一样的。如果仅仅是用金钱和时间去分析的话,就不一定分析得准确,这也是为什么要研究幸福感了。当然,还有很多别的方面的原因,但是一个大的背景,就是基于我们现在会从更多的方面去量度社会经济的发展,特别是世界趋势,要慢慢地淡化只用GDP 或者是经济增长的指标,要更多地用居民的幸福感受,用这样的东西来度量它。所以,对于整体公共政策的好坏评价,应该有这样的度量角度。

影响幸福感和出行关系的两个主要原因,刚刚提到第一个是出行本身,这是一个心理的活动,它既是一种自我表达,也是一种逃避,这样一个过程情绪性的因素本身就会直接影响幸福感。第二个原因是活动,就是出行是到其他地方从事活动的一个必要手段,从事活动本身直接关系到幸福感。因此,出行行为和幸福感之间的关系主要有两个方面,一方面出行本身会影响整体的幸福感,另一方面它通过对活动所提供的帮助来影响幸福感。

如何来量度认知方面的满意度? 量度认知,我们可以用一个比较简单的问题,“到目前为止,你对自己的生活满意吗?”还有几个度量方法,也有比较复杂一点的,如用五条问题进行总体打分等。量度情绪方面的幸福感主要有两个方法:一个是经验取样,另一个是回顾的方法。回顾的方法是几年前在《科学》杂志上一个心理学家发表文章中采用的一个方法,他发现用回顾的方法和经验取样法进行比较,其结果还是比较吻合的。

经验取样法,实际上是让被调查者戴一个仪器或者是一个类似的东西在身上,隔一段时间提醒他一下,问他现在感觉如何,开心吗? 或者不开心? 连续记录5天。回顾的方法是,比如我今天去问某人:最近这一段感觉怎么样? 或者问他昨天的情况,就是让他回顾在昨天的时间段里他的一些情绪。这里有12种情绪,一方面是正面情绪,另一方面是负面情绪,包括他开心或者不开心,或者很烦躁等等,正面和负面的情绪都有。针对每一种情绪都有赋值,就是给每个情绪打分,当时这篇发表在《科学》杂志上的文章影响还是挺大的。但是这个方法用起来比较复杂。因为你要针对每一个人、每一个时间段的12种情绪打分,要求是很高的,这不是太容易做到。

有一种相对简化的方法叫作核心情绪法,我们的研究就是利用这种方法做的。核心情绪法主要包括两个方面,一个是愉悦程度,另一个是活跃程度,对这两个方面进行打分赋值。这种方法相对比较简单,且能够量度和表达他各种不同的心情状况。另外,它还有一个好处就是对于被访者的要求较低。

我们就是用了第二种方法,即所谓核心情绪法来做的研究。当然,今天与各位交流的研究成果是我们研究项目里的一部分,主要关注的是情绪。研究的调查数据,是从今年9月份到11月份花了整整4个月的时间获得的,因为专题一的主题是微观数据与空间分析方法,所以,这里稍微花几分钟介绍一下我们的数据收集情况。要怎么保证抽样的科学性? 我们与香港的电讯公司PCCW合作,它有一个很大的数据库,大概二十几万个电话号码,我们就利用电话访问系统随机抽样。电脑系统随机抽取一些电话号码,然后让学生打电话。每一个家庭选一个人,通过电话询问愿不愿意参与我们的调查。如果他说愿意,我们就给他发一个Email,邀请他参加调查,告知密码,请他去网上完成这个调查。

这个调查是我们承担的一个大项目中的一部分,该项目包括了对实体空间、虚拟空间的调查以及被访人员的时间利用、活动的情况,也包括他的情绪指数所涉及的各方面因素。调查持续了4个月的时间,最后成功的只有771个样本,但是这771个样本从抽样的科学性来讲还是不错的,我们通过对指标的分析,大概可以看到它是符合人口统计学的基本情况。该样本数据包括社会经济分布、收入、被调查人的住房以及汽车保有量等情况。从后面两个指标,我们看到这些样本是符合香港整体人口状况的。例如,从住房指标来看,私有住房与政府提供或者政府补助住房的比例大概是1∶1,可能私有住房稍微多一点,这与我们得出的结果差不多,也是50%,说明这个调查样本情况还是不错的。汽车保有量为19%,比家庭拥有量稍微高一点儿。

下面我们比较分析被访问者的出行情绪和活动情绪。整体来讲,参加活动的幸福感高于出行过程的幸福感,通过数据分析发现这种差距还是显著的,符合实际情况。出行时段的不同感觉,差别不明显,即你是早晨出行还是晚上出行,对幸福的感觉没有太明显、太大的差别。但出行目的对幸福感的影响有明显的差别。比如说你出去玩,或者是回家的感觉要比去工作或者是去转车的感觉快乐。

另外,我们也分析了出行的交通模式对情绪的影响。研究发现步行的感觉最好,主要是与锻炼身体相关,走路的感觉比乘坐其他交通工具要好。坐公共汽车的话在香港算是大家比较喜欢的方式,仅次于步行,但是比坐地铁的情绪指数要高,很有意思的一点在于坐公共汽车的感觉比自己开车的感觉要好。

在随后的显著性分析中,我们大概可以看到,出行时间的长短对个人的情绪指数产生负面影响,出行的方式和目的都是影响情绪指数很重要的因素。另外我发觉个人对于生活的看法,就是他自己的幸福感,还有他当天的情绪这两个因素都是非常重要的。

谢谢大家!

主持人张景秋:谢谢王冬根教授的精彩分享。

关于幸福感的话题,联想到前两天,大家议论较多的是"首都"又变成了"首堵",为了治理交通拥堵状况出台了相应的政策,但是在这个过程中,有人也提出来,因为这些公共政策的出台而降低了市民的幸福感。比如说开车出行,即使增加了停车费他也愿意开,如果出行目的是周末要一次性购买家庭用品,你说让他大包、小包地拿着去挤公共汽车、地铁,幸福感肯定就下降了,跟您的研究很契合,我觉得特别有借鉴的意义。

冬根团队的研究是非常有意义的,而且他介绍了一个很实用的方法,当然我们也知道一些内容,包括情绪、认知等,多从心理学中借鉴过来,要想将这些内容完全定量化有难度,所以这种将质性研究和定量研究相结合,是非常好的方法。大家提问。

柴彦威:我的问题是被访者的情绪指数来自你们作为研究者经过对被调查数据的客观分析得出"我认为你比较幸福"的结论,并不是从被研究者自己的情绪出发,是吗?

王冬根:这两者是有根本区别的,被访者的幸福感是他们自己的感觉,不是我们的。我们以前的研究确实是像你说的,我们分析他出行的时间、出行的费用,以此来判断这个因素对他是不是有影响。但在我们的这次研究中会有一个根本的改变。我是用被访者自身的主观感受,这些感受与某些客观因素相连,可能是出行的时间、出行的费用,但同时附加一些自己的经验,不同出行方式展开比较,分析出行目的与过程对幸福感的影响。

周素红:王老师的这个研究很有意义,但是我还有一个疑问,像您刚才讲到在出行过程里对幸福感的体验。但是很多幸福感,你心里的感受是有个人倾向和前因后果的,比如说这一程我觉得非常的不开心,虽然是我自己开的车,但是因为刚才有一个负面情绪在影响我,所以我不开心,您是怎么剥离出主导因素的?

王冬根:在我们的问卷里要记录他当天的情绪以及他对生活的总体看法。用总体的生活态度来判断这个人整体上是比较正面的、还是比较负面的人,而用当天的情绪和出行之间的关系来分析前因后果。这两个因素在分析模型中占有重要地位。

主持人张景秋:谢谢。下面我们有请同济大学建筑与城市规划学院王德教授就"空间行为与规划"的主题与我们分享他的研究成果。

2　空间行为与规划

王　德

王德:首先非常感谢会议的主持人志林博士,还有景秋教授,为我们提供非常温馨的交流空间。

今天我给大家汇报的题目是"空间行为与规划",后来一想我的题目很不合适,因为这是大会的主题,好像我在做概括,当时柴老师跟我说了题目之后,我想我们的特色就是在规划里面做的一些工作,我想就讲讲这个,很自然就想到这个题目,就没想到跟大会的题目重叠了,这里做一个说明。

今天主要讲我们在规划任务中做的一些空间行为分析的尝试,这些尝试也不一定是完全成功的,把点点滴滴的经验跟大家分享一下。这些案例是朱玮和部分博士生提供的。

实际上在规划设计领域,对行为的研究不是从现在才开始的,之前就有这样一种尝试,如凯文·林奇,他是搞设计的,不是学地理的,但是在地理学界也广为人知,他提供了空间认知的研究范式。如在交通规划时进行的出行调查,就是一种非常广泛的应用,这就是对行为的研究,从中也产生很多模型和方法,规划中出行调查成果非常丰富。规划设计领域没有太多这样的成果,更多的规划设计直接对空间需求行为进行一些调查。

最典型的研究就是我们学校的曾院士,他在做南京路规划的时候就对消费者在南京路的出行点需求进行调查,就是调查消费者在步行街里面需要什么样的空间?休息、购物,还是什么其他需求。最后,根据调查结果设计步行街的空间分布。在公园绿地规划中也经常出现这样的调查,调查成年人需要多少空间?滨水空间大概需要多少?步行空间需要多少?通过调查提供一些依据,直接为设计提供服务。现在都是以人为本的设计,这就要求在规划设计里考虑行为需求。

另外一条线就是个体行为模型方法研究,这条线也是一直在发展,它最初是源于交通方式的选择,就是在交通出行调查里发展起来的方法,主要的论点或者原理,即行为是选择的结果,无论做出任何一种行为,都认为这个行为是最有效的,或者是效益最大的,或者说选择根据什么呢？根据效用，这个选择给你带来最大效益的，效用的结果就是它发生的行为。

这样就衍生出来个体行为研究的定量工具，这个工具是非常有效的。现在很多人都在用这个模型进行研究。由于这个工具的出现就使得行为研究达到了精细化，可以把很多成因剥离出来，可以定量化成因之间的相互转换，并且可以非常精细地预测这些行为，这个工具确实使我们的研究水平提高了。

规划也一直在用模型的方法，主要是源于 20 世纪 70 年代，用大规模的模型预测城市的未来，后来发现这条路是走不通的，城市太复杂了，再复杂的模型也预测不出来，模型越复杂预测结果错误越多。在什么样的情景可能是什么结果，或者规划里面我们如果怎么样，那么怎么样，就是 want-if。放弃了大规模预测模型，规划采用局部的 want-if 的分析，即规划如果怎么样就会带来什么样的结果。

汇总以上几个信息，我们在规划中使用个体模型分析时会考虑这样一个问题，首先用计算机建立起来的个体行为模型，实际上是计算机模型人在运行，就是代理人，相当于机器人，是一个带有数学公式的机器人，但是这个机器人可以把人的行为特征表达、再现出来。效用的随机项就非常有效。效用确定项和随机项使得代理人的行为既有规律又有不确定性。大家总是在问"人的行为那么复杂，你怎么可能去再现？"机器再现的时候就是根据模型算出来的规律，再加上它的随机项来反映这种规律性和不确定性，这种代理人的行为接近于真实。既然规划方案是我们在计算机里画的一个图，那么就可以用代理人在规划图里活动一下，去再现它的行为，用这样的一个结果来看方案到底是合理还是不合理。

根据这样的思路，我们做了几个尝试：第一个是南京路消费行为研究的案例。消费者进入南京路之后，他就在里面走来走去，走来走去的行为实际上是对空间的不断选择，你一进到南京路以后就要面临首先逛哪一个地块，下一步要到哪里去，又是一系列选择，一直到你回家为止。所以把消费者在步行空间里面的行为切成一段一段的，每一段都可以用一个模型来描述，我把这个过程省略掉，直接到应用。用这个模型可以再现一个标准的人在南京路怎么走。比如说这个人从人民广场方向进入南京路，理论上说消费者首先应该选择在人民广场这个空间停留，因为这个空间离他比较近，规模也比较大，符合效用最大，即到这里来可以给他带来最大的效益。从人民广场出来之后，他会到第一百货西路，然后会到第一百货东路。沿着这条特征路线行走的，是一个标准人，即把所有的人汇总出来的信息标准化之后就变成一个标准人行走的线路。

南京路有很多的入口，把从各个入口进来的标准人选择路径或行走的行为叠加之后，我们就可以对南京路空间有一个新的认识，这个认识是什么呢？就是人在这段空间往往是跳跃的。有些空间就是容易被忽略的地方，这里没有太多的吸引点，吸引不了消费者在这停留，所以人走到它的边缘就会跳过去。人在这样地块产生的行为就叫折返行为，人来到这个地块边缘之后就会折返，所以这里会形成很多的返回流。还有一类地块叫作行为不稳定点，就是人到了这个地块之后周围就会有几个等效用的地块，或者是规模同样的百货楼，消费者到达此点后就不知道逛哪一边了，会有人逛这个，有人逛那个，那么他决策的时候也会感到很犹豫"到底逛哪一边？"这就是产生行为不稳定的地方。

want-if 模型是一个标准的机器人，我们假定在这里实施步行街的规划，如果从这里完全步行到外滩，到河南东路，到达后这个人会产生 want-if 关系，我们同样用这个标准的模型预测一下他的中心，就会发现原来他在中心点是返回的，但是由于现在这里已经步行化了，步行化之后这里的效用就提高了，就会使他继续往前走，所以折返行为就消失了。

还可以用这个模型预测什么呢？2007 年我们对南京路各个地块行走的总体人流进行预测。当时也分析了，就是这个被称作金三角的地方，有三个大的百货商店在开发：来福士广场、世贸商城、第一新世界商城。根据当时的情况进行行为预测，百货商店对人的吸引力是非常强的，这三个大规模百货店建成之后，这个地方人流会更集中。同时，2007 年我们又做了一个实地调查，调查的结果显示：人在地块之间的移动没有出现。我们当时设想的人流往金三角集中的状况没有出现，人流到哪去了呢？人到建筑内部去了。就是这几个大的商场建立之后，人一旦进了商场，他可能在里面逛两三个小时，或三四个小时再出来，因为商场里面什么东西都有了。

有意思的现象是之前那些行为不稳定点，因汇集了一些非常适合做旗舰店的小体量建筑，而使得这些步行街的人流变密集了。这些旗舰店特别吸引一些年轻人。实地调查与预测结果的不一致，是因为我们的预测结果是基于一个条件，就是人的行为特征没有发生变化，而事实上人的行为特征是发生了变化：一个是年轻人对旗舰店的向往；第二个是大型设施延长了人的滞留时间。正因为这两个行为特征发生了变化，导致行为结果的变化。如果行为特征不发生变化，那么应该就是我们预测的结果，虽然结果与我们预测的不一致，我们也并不沮丧。

小结一下，首先以南京路为案例，我们从消费者个体行为的视角，对南京路空间有一个新的理解；其次预知在一定条件下，规划可能产生的结果，就是行为特征不发生变化的情况下的结果；最后就是初步验证个体行为模型，研究在空间规划中应用的可能性。在规划做完之后我们可以用这个代理人先来验证一下可能发生的情况。

第二个案例是世博会的案例。世博会的人流具有规模大、高密度的特点，我们就在整个规划编制过程中做一个人流的分析。同济大学首先拿出一个初步方案，原理和刚才南京路的消费者行为原理应该是一样的，即人在世博园的活动也就是对场馆不断选择的结果。对这样的选择结果我们通过一些虚拟调查，得出人的活动特征，用这样的特征就会得出个体从每一个入口进去之后的特征，即他最可能行进的线路。这个线路叠加之后就会发现，大量的人流会在初步方案里分布有大量有吸引力场馆的地方集中、徘徊,从规划中可以看到一些有特色的场馆主要分布在世博轴的周围,使得人流都集中在这个范围之内。接下来我们进一步做个体模拟,个体模拟就是在特征模拟的基础上加入了随机项,这个是在确定项上形成的,就是最理性的人所走的路,再加上 400 个人的随机量,每个人走的线路应该都是不一样的。但是它固定项在里面起的作用是反映规律性的,随机量反映的就是不确定性。这两个叠加起来就变成现实的人在里面怎么走。通过这样的再现,就汇总出人的密度、人数的分布。

第一轮方案可以看到人大量地集中在世博轴,不均衡。因此,在第一轮方案出来之后就进行了细微的调整,把当时的埃及城(当时的规划是以中国等四大文明为中心布置一些有特色的展示设施)位置进行调整,同时对过江用的交通也进行了规划。调整之后我们再用一个标准的代理人在世博园里走出他的特征线路,叠加之后就会发现特征人流的线路相比第一轮方案要均衡多了。同样人流数的分布也比第一轮方案要均衡。看似细微的空间调整却取得了非常好的效果,只是把埃及城做了位置上的偏移,却吸引了相对多的人,开始往原来人流密度比较小的东部去了。

我们经过分析、调整,最后得出这个方法是可行的,这个互动也是可行的,参观者流线更加顺畅,活动分布更趋于优化,缓解了部分空间使用的压力,证明了新的方案对有序组织、引导参观者是可行的,也证明了个体行为分析方法在规划过程中互动是合理的、可行的。

基于这两个案例,我的思考是:刚才做的两个案例,一个是世博会,因为这个项目太特殊了,的确需要我们做出奉献,所以在这个过程中我们投入了大量的精力。另一个南京路一直是我们的兴趣点所在。但是在日常设计中,要做这样的工作确实是很难的。我的同事看到我们做这样的工作后也想要做,但是当我告诉他要花多少时间、要做什么调查、多少天之后成果才能出来后,他马上就放弃了。这个工作看似非常简单,但实际过程要复杂得多。现在的这两个应用还是比较初级的,你要做一些复杂的东西其实是做不出来的。

我们也在找国外怎么做,其实国外根本不做,往往模型建好了,讨论一下就结束了。搞设计的人和搞研究的人是两批人,也没有太多的成功案例可以借鉴。

最后想把我们今后的工作做一个汇报,也算是对未来拓展方案的展望。刚才冬根介绍的题目我们也感兴趣,现在我们也在做生活质量研究,希望明年能把成果带到这样的场合来交流。柴老师这次也带来低碳的研究成果,我们也很感兴趣。现在低碳城市规划也得到非常多的关注,我认为行为研究对低碳城市研究的作用大,因为人的行为构成了碳排放,能从这样的视角研究低碳城市的结构,应该是其他学科、视角、研究方法不可替代的。

再看看中观、宏观层面的一些应用,目前我们做得都非常微观。

对于计算机辅助系统的开发而言,因为目前所有分析技术都是研究者自己开发的一些应用程序,因而没有通用性,使得这个技术的推广成为一个瓶颈。急需得到计算机专业技术人员的辅助,比如说马修军博士,开发一个通用系统来提高技术的认知和应用。

从南京路的研究成果来看,最后就会发现消费者习惯变化对结果的影响非常大,比如说他对旗舰店的追求,导致人流向中部地区集中,而当初研究的时候并没考虑到有这样一些变化。所以,这两年我们做了一些研究,包括我们这次带来的成果如人口的郊区化、商业设施的郊区化对商业设施的影响,大规模商业设施的开发对消费行为的一些影响,这些都是行为习惯变化产生的对商业设施的影响,当然也包括网购。网购对商业设施以及规划产生的影响,都是需要考虑的。

好,我的发言结束了,谢谢大家!

主持人张景秋:谢谢王德教授!其实规划应用是地理学研究很好的落脚点,要不然大家就会觉得地理学研究曲高和寡,实际上包括像高晓路,许多研究城市地理的学者是从规划转过来的,王德老师团队做的很多工作,特别对城市地理学的研究是非常有帮助的。下面可以提问了。

问题1:空间行为的代理人是固定项吗?如果不是,会分年龄吗?会考虑行走及停留时长吗?

王德:这里的代理人是随机项,没有分年龄段,关注的是具有相近空间特征。在模型里考虑了停留次数,但没有关注停留时长。因为,对于停留次数,还有同一个地方他去了几次,如果他去过一次,那么再去的概率就小了,就是一个负效用,这个在模型里有考虑。而对于停留时长,在世博会里回去的时间我们是强制,就是到了一定时间按照一定的比例去强制退场了。在南京路有一个回家的概念,你选择到哪个地块的时间,其中有一个选项就是回家。

问题2:随机项控制幅度有多大?能控制住吗?依托什么数据呢?

王德:朱玮,你来回答一下吧。

朱玮:随机项,它有一个假定模型,假定它的幅度也是固定的,但是根据我们的数据核算后,它会有一个参数,参数大小不一样,也就是说固定项和随机项是一个大概的比例关系。

问题2(续):这是根据CBM的调查定的吗?

朱玮:我们这不是CBM的调查,就是一个行为调查,对它行为的记录。所以,随机项的大小是固定的,固定项的大小是模型拟合出来的。

问题3:请教王老师一个问题,就是您刚才提到代理人的标准,南京路的比较好理解,因为我们可以基于很多现实的调查得出一些经验,会模拟出来。但是像世博会这样一种规划,因为最后应用载体是规划,规划有很多是设计出来的,比如说类似埃及馆、埃及城,为什么您就可以预估它可能就是标准人必须要去的地方,或者说它的路径选择会变成一个重要的节点,像这种规划的层面因素在您标准人的行为路径里是怎么考虑的?

王德：也是通过调查，如果调查是虚拟的话，那就把这个规划方案给大家看，然后看你怎么走，再记录一下虚拟的路径。第一次我们因为时间比较紧就让学生做，第二次就是在网上，正式方案公布之后再在网上公布出来，大家在网上参观，参观完我们记录他的路径，根据行为来推测他的特征。

问题3(续1)：根据我的理解，就是这个空间没有展示给别人的时候，有可能不具有吸引力，但是一旦展现它之后大家互相传阅，可能就有一个宣传效应，把原来你觉得很不起眼的东西变成重要的吸引点了，比如说沙特馆这样的。

王德：这个有差距，毕竟规划方案也是一个假设，过去我们认为它有吸引力的，现在也是具有吸引力的，但是像沙特这样的馆，我们在这个阶段也没有认为它是非常有吸引力的点。

问题3(续2)：所以可能增加一些辅助性的信息，比如说每个馆设计时候的申请方案、投资金额、重视程度或者什么东西，我估计您这边更多是基于大家对世界各个地方文明的重视程度不同。

王德：对，第一次做的时候非常简单，就是一张图，上完课后，60个学生在上面每个人划了一条线，那时时间非常紧。到了第二次的时候就设计得稍微详细一点，先要给他看一个世博会参观的动画，那个也做得非常精致，让他了解一下。然后介绍每个馆是什么情况，有什么特色，还有将你在这个位置到什么地方的时间及你总共花多少时间，尽可能告诉他，即使这样也不可能做到像真正参观世博会那样。

问题3(续3)：您有没有评估实际的效果？

王德：正在评估，世博会召开的时候我们做了一次调查，做了一千多份笔录，现在正在做评估，我也希望明年把成果带给大家。

主持人张景秋：王德老师和他的研究团队做了大量的调查工作，模型也在不断地完善，如果有机会大家一起做，可能会对模型的利用与完善有更大的推动作用。因为时间关系，对王德老师的研究讨论就暂时告一段落。下半段由柴老师来主持，如果有问题，可以继续讨论，我们可以把讨论的时间延长一下。

下面我们就一起来分享美国俄勒冈大学规划公共政策与管理系的杨翌朝博士就美国住宅调查数据所做的关于居住满意度的研究成果。

3　基于美国住宅调查数据的居住满意度研究

杨翌朝

杨翌朝：我先介绍一下自己的背景，我和志林在康奈尔大学同窗几年，是属于学友，我毕业以后在俄勒冈大学教书，现在已经有4年多。我的研究始于我博士期间对美国的研究，一个最主要的原因，就是刚才大家也看到，两位王老师都讲到的，在中国做研究数据取得有多么困难，所以当年我回国做了一些调查，最后还是决定做美国研究，因为它的数据获得实在是太方便了。

今天我想讲的内容主要是有两个目的：一是介绍美国人口普查局为美国城市与住宅发展部所做的调研，这个调研已经做了有30多年了，数据非常丰富，它的采样点也非常大，所以当时我就是用这个数据分析作为我研究的手段。我的背景是规划出身，实际上我是建筑出身学规划，作为建筑师和规划师来讲，我们主观觉得这样做是好的，这样做是美的，我们觉得生活在里面都会很好。但实际上我们对人的行为、感受都了解得不太充分，所以当时我在美国学规划的主要目的是我想去研究一下，怎么能够保证我们设计和规划出来的环境真正能够服务于、满足于人在里面生活的需求，因为大部分情况下，建筑师和规划者做完规划、做完设计后绝大多数不是使用者。这是我当时选题的一个考虑原因。

另外一个原因是当时选做这个题目的目的是想要获得美国基金会的资助。在美国，尤其像我们属于应用学科的，要申请国家资助，你的研究必须要拿出实际可行的用途，就是说你做的结果在相关领域能够用上，这样它才会给你以基金资助。所以，我当时就想了一个切入角，让我的分析结果能够在政策制定上起到一些作用。我想用美国住房调查数据，去论证当时在美国规划界的一个热点辩题"美国城市发展应该以什么样的模式进行？"一方面，大家都知道美国是低密度的，而且是一个用地非常隔离的发展模式，这个模式已经使用好多年了，大概有半个世纪，但是这种发展模式现在已经受到很多的攻击，比如说土地利用非常浪费，在美国大都市区，它的土地利用程度是人口发展的10到20倍，就是说大部分区域人口增长1%，它的土地往外扩展程度就要到10%～15%，所以，从可持续发展来看，是非常不乐观的。另外，它相应带来的一些交通问题，又因为我们大量的出行是依赖于小汽车的，进而带来能源的消耗、环境的污染，这些都是低密度发展带来的很大的弊病。

因此，从政策上就产生了一个广泛的讨论，我们是否应该改变过去长期低密度用地隔离的发展模式，推进所谓的精明增长或者新城主义。基于此，提出了高密度、紧凑型、混合用地的发展模式。但是，如果从政策层面推行的话，马上就会受到一些挑战。因为在美国，政策是服务于公众的，除非你的政策能够真正满足公众的要求，要不然政策很难推进下去。所以在这个政策讨论的背景下，就急需一些实证的分析，是不是真正紧凑型的混合用地居住方式能够使得普通美国居民满意？相比他们住在低密度，只能开车，公共交通不方便的环境里，改变后的居住方式最起码不会让他们觉得自己的生活质量下降了。所以，这是当时我选择用住房调查数据做这样一个选题的第二个原因。

我今天讲的大部分内容来自我博士论文的研究，这个博士论文当时获得美国住宅与城市发展部的资金资助,在做完这个内容以后,我还继续做了一些更深入的研究,今天我就不讨论那一部分了,有感兴趣的学者我们以后可以继续交流。

就像刚才我讲到的,我的研究分两个部分:第一部分我想讲一下美国住房调查。这是美国一个大规模的入户调查,因此它覆盖的数据非常全面,而且采样科学,所以在美国也是被广泛应用于各类研究。当然,它也强调用公共资金做调研,要保证它的目的是为公共服务的,而且要保证它的数据也是公共、公开,它的数据获取都是公开性的,作为普通学者都可以上网拿到。当时它设计的调查信息也是用做政策分析,以帮助美国住宅项目以及政策得到实证的资助和指导。

美国住房调查的历史是从 1973 年开始的,当时一年一次,但是后来因为财政紧缺,从 1984 年以后就改成每两年一次。分为两个调查:一个是全国性的;一个是集中在 40 多个大都市区进行的抽样调查。全国范围的调查一般是 6 万个采样点。我们讲一个房子在美国就是一个调查单元,只要有一个单独入口,加上一个厨房就可以算一个独立的房子,它的采样点就是以此为标准的单位。大都市地区的采样是从 1974 年开始,它本来是年份尾数为 2、4、6、8 的年份就是采样调查年份,每一年大概选择 10 个左右的大都市区做采样调查。这种循环的采样方式,一般 6 到 7 年会把所有的 40 多个大都市区都抽样调查一遍。但是最近因经费短缺,大都市区的抽样调查已经和全国范围的调查统一进行了。以前全国范围调查是安排在 1、3、5、7、9 的年份,大都市区是安排在 2、4、6、8 的年份,现在两个调查都混合起来,所以 2009 年全国范围调查和大都市区调查都有。

美国住房调查的特点是它选定一些采样点以后,每一次调查都会到这个采样点去,所以从某种角度来看,它具有延续性,但是因为同一采样点住户的人可能会改变,从某种意义上讲,它又获得了新的信息。因此,在一定程度上这是一个很宽泛的数据。它的用途也非常广泛,可以用做横向的研究,也可以做纵向的研究。

采样的内容是一个很长的、计算机化的表格,大概有 2 个小时的入户调查,包含差不多 2000 个左右小问题。调查的内容非常广泛,既包括住宅的质量、建筑材料、所有设备、住宅里面采用的一些设施,还会具体询问住宅的贷款、花销、水电用具,以及所有和住房相关的支出情况等。另外,它很详细地询问居住人员情况。因为美国住宅的特点和人口的特点联系非常紧密,所以它在采样过程中确保是非常有代表性的住宅采样点。同时,也就相应地保证了它所获得的居民信息也是大都市区或者全国范围内有代表性的居民信息。

美国住房调查在美国已经有三四十年的历史,它常常被用在像我们所说的科学研究方面,包括分析一些重要的社会现象,理解一些社会动因等,有非常广泛的应用,像研究人口移动,尤其是和住宅搬迁相适应的人口移动。另外,也包括我做过的很多环境评估研究。因为环境评估在美国来看,是引起移居的一个很重要的原因,一旦移居之后就会影响一个地区的人口构成或者人口比例的变化。所以，这几个因素是关联在一起的，比如说满意度、移居的意愿、移居的行为，以及最后整体的邻里表现，这个调查数据的好处就是它既能做地方空间的研究，也可以针对个体进行研究，同时，它也广泛用做政策分析研究。尤其是住宅和城市发展部确定公平性的市场租金时，主要的信息来源就是来自于美国住房调查，它的指标为它在其他住房项目中针对政府政策的执行提供依据，比如说发放租金补贴，就会用到公共住房市场的数据来确定到底什么样的人可以获得租金补贴，可以获得多少租金补贴。所以，它的这种信息和政策的实施是紧密联系在一起的。

下面我就介绍一下我用美国住房调查数据来做的一个和政策搭边的研究。主要是针对物质形态（physical form）的研究，因为我是建筑学出身的，我对环境的设计、布局感兴趣。我把环境和人们的主观评价联系在一起，用的是 2002 年的大都市区调查数据，选取了 13 个大都市区调查点。首先讲一下我为什么用邻里满意度（neighborhood satisfaction），也要跟刚才王冬根老师讲的幸福感做一下区分。幸福感，我的理解主要是就我们个人的感觉，这个感觉，经常性地讲，可能时时发生变化，可以反映当时的环境，但这个事情本身也是可以发生变化的。而我所用的邻里满意度，就是排除周围环境改变和人的主观感受之间的变化关系。作为政策来说，我们不可以把影响政策的所有因素都排除出来。如果我想了解的是人们对这种环境的评估，这个评估受到个人感受的影响，他怎么评估是因为他个人的感受。当然，他的评估和环境一定要联系起来，是基于对环境的理解、使用、感受以后，利用一定的评估方法评估出来的东西，所以与幸福感相比，对邻里满意度的捕捉更容易一些，而且获得的测量也相对准确一些。

20 世纪五、六十年代，在美国出现较大规模的社会改良运动，当时做了很多人口的幸福测试，当然它也是从住房的角度出发来研究这个问题，当时发现有 5 大测度指标，跟王老师刚才讲的非常接近，大概有 4 到 5 个指标影响人的幸福感或者称为整体心理上的满足感，前4 个指标：第一是家庭环境；第二是因工作获得的社会价值；第三是健康；第四是对生活环境的满意程度。所以，邻里满意度不仅仅关系到幸福感，还涉及到生活质量。当然，数据质量很重要。现在我选用的这个数据很好，且有相关理论支持，可以体现生活质量。从另外一个角度，因为邻里满意度是由使用者汇报出来的，是基于他对环境的评估，所以可以用它做一个评估的因素，引入使用者的感受和经历。这就在一定程度上避免了刚才我说的都是规划师和建筑师自己在评估环境。

正如我刚才讲到的，我的这个研究是基于对美国政策的讨论，即到底什么样的城市形态是好的？是现在大家熟悉的低密度开发？目前美国 70% 的大都市区的城市环境就是这样子的，还是要把房子盖得高一些，路网密度大一点儿？这样大家就能够步行出行，不像现在这样到哪里都要开车。

还有一个问题，就是通过实证或者实证引申出来的问题。有些人会认为，你看美国盖的房子都是低密度的，那必定是消费者需要的房子，要不然市场就不会有营造它们的需求了。还有些人说，你看美国人就没有这样高密度的房子，一部分是因为分区的限制太多，本来就不鼓励盖高密度房子；另外，美国人之所以讨厌这样的住房，是因为一些老城区高密度的居住环境不安全、不干净、混杂。但是如果我们把这些不好的因素排除以后，美国人不一定不喜欢这样的房子。所以，怎么能够分析出来，是物质环境的布局影响了使用者对环境的满意呢？还是某种物质环境倾向于带有一些社会特征或者经济特征呢？如果是，那就要把那些东西剥离开来。这就是我整体研究设计的背景。

我的研究目的主要是回答两个问题：第一，我们想看看居民能否在这种精明增长型的环境里表现出更好的满意度？即对环境评估更高，这是最简单的问题；第二，对于物质规划来讲，物质环境自身的社会表征与人们对物质环境的评估，哪一个更重要？假如说人们对社会的反应远比对物质环境的布局反应强得多，那从我们规划层面来讲，就未见得是真正从规划里能够取得的效用，但如果说，人们对物质环境的布局反应更明显，也就是说规划能够改变人们对环境的评估，甚至改变人们对环境布局的一些喜好程度。

当然，这是一个定量的研究。我选用了两种方法，首先，做了一个简单的统计分析，看看人们在不同环境里做出怎样的环境评估即满意度如何？其次，又做了一个多元回归分析，剥离出其他的社会、环境质量等因素对人们的影响。研究所用的数据就是之前介绍的美国住房调查数据，选用的是 2002 年 13 个大都市区的采样数据，一个大区有 3000 到 4000 个采样点，除去未有效的采样点，可以用的总数据量大概有 3 万个点。大都市区的采样数据是一个比较有代表性的数据，所包含的邻里开发商是非常大的群体，大家都知道我们做统计分析，最大的问题是如果没有差异就没办法做统计分析。所以，从数据上来讲，大都市区的采样数据是一个非常好的数据。最后，我选取的是唯一在美国国家统计资料里包含有主观评价性的数据。

怎么去衡量这个满意度呢？我就用它做了一个单项（single item）衡量，从 1 到 10，由你来给你的环境打分，因为美国住房调查的设计非常科学，它在问到这个问题之前问了一系列问题，如环境是不是干净？是不是有交通问题？是不是有安全问题？是不是对你所居住的环境周围服务满意？问了一系列问题以后，最后认为，你作为被调查人基于上面你对所有情况的反映评价，你来给你的环境打一个总分。此外，我觉得从调查设计来说变量也是比较合理和可靠的。我的研究是用住房调查中针对问题的直接回答来量化评价环境的特点。调查时，我会给被调查人一些照片，让被调查人能直观了解和明白调查的主旨，当我去定义低密度时，就意味着是这样的环境，全部都是小住宅，没有其他高层的住房，这是我主要关注的变量，因为我关注的是环境的设计和规划。中等密度是说开始出现 2～3 层的房子，密度已经提高了。再上一层就是中等高密度,也就是开始出现4～6层的房子,而出现7层以上的房子就是高密度的环境。

根据密度等级,主要从两个方面进行分析:一是让被调查人自己回答在他周围是不是有非居住型的用户?比如说商务写字楼或者是零售店等。此外,我还询问了他周围是不是混居型的?就是房子的拥有形式是个人拥有还是租房?因为在美国,房产拥有者和租户之间有非常强的差异性,无论是收入,还是年龄结构,都存在非常强的差异性。从美国很多社会科学的研究中也可以了解到房屋拥有者和租户的社会行为是不一样的。美国为什么积极推进住房私有化呢?就是因为他们觉得房屋拥有者是更好的公民,因为他们更关注社区的环境,更积极地参与社会活动。所以,我借用这样的理论基础,认为如果真有一个混合居住(tenures mixed)地区的话,拥有者就不会那么开心,因为他觉得不是所有人都会像他那样爱护他的环境。

先是大致了解一下研究的整体统计资料,这是13个大都市区在2002年的住宅调查数据。其中,满意程度的等级是1～10,不满意程度的红色是1～5,总体分布情况主要集中在6以上,说明被调查者对自己的居住环境是满意的,如果大家对环境都不满意的话他就不会选择居住在这个地方了。在各个地区大概是1/3左右落在10,表示非常满意,接近一半都是在比较满意的数值区。所以,大部分人居住在这个环境里面都是相当满意的,这就是大致的一些共性。

从环境的差异来看,可以看出来,像低密度集中的地方,70%左右的房子是属于独户住宅的邻里。美国有地区上的差异,这种邻里集中分布的地区在南部更广一些。但在北方,像加州的房子,类型多样的房子混杂就会多一些,你可以看到在独户住宅旁边会出现一些2～3层的公寓,或者是4～6层的公寓,但是出现极其高密度的,7层以上的住房是非常小的区域。

下面看一下土地混合利用,可以看到在美国大部分地区完全是居住与商业或者其他用地隔离的。在非常不满意的区块内,会看到几乎没有商业行为,在你的周围见不到商业的行为,居住用地绝对是一半以上,像南部夏洛特和波特兰这两个人口和发展阶段相当的城市,它的城市发展形势非常不妙,夏洛特完全是土地使用隔离的状况,波特兰相对来说还有一些土地混合使用的地区。

最后再看一下居住用地,也是类似的情况,大部分都是独立住宅,全是住房私有者住在一起,有一些杂居的地方,但也是属于非常少数的情况,像混合利用高的地方,如加州大部分的地方,它的住房市场压力非常大,开发也很快。

回到刚才我提到的两个问题,先看看第一个问题。假如只看密度的四个种类,我们能比较一下在不同的密度情况下人们表现出来的满意度,很明显在低密度情况下,全部都是独户住宅，人们的满意程度要高。但让我惊讶的，人们的最不满意程度的分布地区并不是在最高密度区域，而是在中密度区域，而这类区域，真正来讲，就是美国精明增长所提倡的密度水平，不要低，但是也不要太高，因为他们知道美国对高密度的接受能力是非常弱的，市场就把你排除掉了。所以，当时对这个发现我觉得非常有意思。

另外，再看混合土地利用情况，邻里出现了非居住性的用地，不管是商业也好，办公也好，它的评估指数一下就降低了。比较一下，如果用地类型完全是居住用地，在这个过程中，你就会发现如果出现了非常不理想的用地，比如说有工厂，即使是轻工业、仓储这种用地，人们对于环境的满意程度就会降低。从某种意义上可以看出来，人们对环境敏感都是非常强的，也体现出数据收集的准确性比较高。再看租住的情况，就是混合的不动产，如果全是住在独立住宅的环境下，其满意程度最高。但是，是全部租住，还是租住混用？这两个差异不是很大。

总结一下，对于第一个问题，即是不是人们在所谓的精明增长的环境下，就会体现出对环境更高的评估？实际上，答案是不能，而且正好相反，居住在精明增长所提倡的邻里类型里面，他表现出来的满意程度反而更低。

下面我就进入第二个问题。即物质环境和社会环境为何经常结合在一起？是因为物质环境导致人们满意程度低呢，还是因为有别的因素？在美国和英国有很多关于什么因素影响邻里满意度的理论，我们就引用这些理论里的其他相关变量，成为所谓的控制变量，最后把物质形态方面的影响提炼出来，再去察看它独立的影响，即回答了我的第二个问题。当时我做的多元回归大概就是这样一个。刚才我讲到把满意度分为 1～10 的等级，主要关注的是经验评价，最后控制的变量就是在已有理论指导下，来确定其他邻里情况、住宅情况还有住房使用情况等。

我当时做的分析是把 13 个大都市区全都放在一起，大概有 3 万个点，又把其所在的 13 个州单独做了一次，每一个州大概有 3000 个点，所以是两套分析。我现在汇报的是对每一个大都市区做独立分析的结果，当然大家都知道汇报会涉及非常多的信息、非常多的数字，我想了一个办法就是怎么来让大家更好地理解这个情况。就是说，我的侧重点是基于密度对满意度的影响，用它来作为控制变量控制其他的我们需要控制的环境、住房、人的特点，以低密度作为参考变量，看这 3 个密度水平对满意度的影响，那它们有可能是正的，也有可能是负的。所以，如果是负的影响，那就说明居住在这个密度水平的人相比居住在低密度等级的人来讲，对环境的评估更低。非常有意思的是，你看在 13 个州里，所有数值表现的都是负的影响。而在中等密度的两个亚类里，可以出现正面影响，有好几个州处于高密度水平的出现了正面影响，当然它的显著程度不是很高。这个情况也是符合刚才我们分析的情况，即并不是在最高密度的地区人们对环境的评估最差，而真正评价差的是中等密度地区，用密度水平控制所有其他能控制的因素,比如说犯罪率、服务质量、出行交通便利程度等,这是一个非常有意思的事情。

我当时加了一个邻里感知(neighborhood perception),实际上,我想用它探索一下这个地区的投资情况,因为一个地区如果出现混合利用,基本上就是告诉我这个地方在经营着零售。所以,可以用建筑多样性以及是否经历新的经济发展与环境满意度评估进行对比,看看是不是人们对环境的满意程度会提高? 这个跟我的研究比较接近,结果发现基本上就是正面的影响。

土地混合利用的影响又会是怎样的呢? 这里的参照组是投资,出现商业的时候正面影响居多,出现开敞空间,也是正面的居多,管理性要素也是一种正面的影响。非常有意思的是,我发现出现公共交通的时候大部分都是负面影响。这是非常意外的发现,一般来讲,公共交通让你出行更方便,但是公共交通在美国带有其他的一些特征,比如说它隐含着这个地区居住人口的特点和没有公共交通的地区是不一样的,所以这是一个很有意思的发现。

现在我尝试回答第二个问题,相比物质形态,我刚才提到的控制变量哪些是重要的? 第一是人们对自己房子的评估,对房子本身的评估会影响他对周围环境的评估,因为房子本身是他主要的居住环境,周围的环境是房子的衍生物,毕竟如果房子的条件很好,他才能对周围环境有更好的评估;第二就是邻里的安全和维护,远比其他的变量,诸如我们是不是拥有的某些普通设施来讲更重要。一个人所处的环境如果是一个干净的、安全的地方,他就会觉得他的环境是很高级的。第三,住户本身的特点对环境的评价也是有一些影响的,像高收入、高素质的人,他对环境的满意程度相对高一些,当然因为高素质的人相对来说能够买到更好的居住环境,所以他的满意程度高也是无可非议的。对于老年人来讲,在收入相当的情况下,老年人对环境的满意程度取决于他对环境的熟悉程度,他有一个所谓的 touch-me-not,时间长了以后就会有一个满意度提高的问题。

最后,如果我把所有的邻里类别放在一起,不包括居住者自身的种类,我们来看邻里的哪些特点会影响人对环境的满意度评价? 也就是说,对一个普通的美国人来讲,什么样的居住环境会让他满意呢? 总结一下,我给出的排序是:第一,干净、没有犯罪;第二,都是房屋产权拥有者;第三,有很好的社区保护,或者说他们感受到有警察很好的保护;第四,要在郊区;第五,附近要有开敞空间,越近越好;第六,不要和其他的住宅情况混居。

当然,从我们的分析角度,我理解人们的感受;但是从公共政策的角度来说,公共政策不是完全迎合人们的喜好,尤其讲到当人们的喜好和社会发展相抵触的时候,像现在一味地迎合美国普通人喜好的话,美国完全就是低密度、大规模的扩张;但是从公共政策的角度来说,我们要去引导公众喜好,甚至有的时候要去改变公众喜好,向着更迎合环境可持续发展的方向发展。

从规划师的视角,我的研究启示在什么地方呢?

第一,首先你要真正地明白你所倡导的是什么? 假如说像我们学校的学生那样,动不动就讲"我们要把密度提高,我们要做混合利用"。但是,实际上他们在学校接受的教育是非常理想化的。他们一到工作岗位马上就会遇到在公众参与或者与公众打交道的过程中,他们所想到的那些想法根本行不通的情况。面对这种情况,就要在最初跟规划师讲:"你要做好心理准备,你应该了解,你的想法和实际是有差异的,你不能完全按照理想的状态推行你的想法。"

第二,具体来讲,如果说高密度和混居可能不适用,那到底是哪点最不适用? 就我的分析来说,最主要是密度,尤其是某种类型的密度。我当时分析得出的一个特点,尤其在美国的居住环境里,两种不同类型的密度会带来不同的好处:低密度会非常的安静,环境非常优美,而高密度是非常方便,有很发达的各种各样的交通设施,但是位于这两个密度等级水平中间的就很有意思,它们既不能获得低密度带来的好处,也不能获得高密度表现出来的好处。所以,这两个中间的密度等级就成为大家都不喜欢的环境。所以,在这种情况下,规划师就要好好去想想,假如你真要做中等密度,那就需要认真考虑你选择的地点,尽量让居住在这里的居民享受到靠近高密度能够带来的各种各样的便利条件,这样就会提高人们对这种中间密度的接受程度。

第三,在前面的分析中我们看到混合居住是具有正面影响的,这带来的启发就是,也许我们让一个高密度的地区建设得很漂亮,建筑也多样,会在某种程度上弥补人们对高密度的一些抵触。还有就是,针对高密度,规划师可以给居民提供相应的活动场所,足够的活动空间,尤其是娱乐空间,这样也会改善他对高密度的抵触情绪。因为最终的目的是我们想让大家选择对环境发展更有利的模式,所以规划师在这里面确实有很多学问可以做,有很多好的想法去探索。

最后,想要强调的是,在规划师对所有的物质空间都做好分析,或者做了很好的设计以后,还有一个非常重要的事情,就是不要忘了物质空间毕竟是影响人们对环境感受的一个很小的部分,其他相应的因素,比如说管理层次和市政服务层次,再比如说安全问题、维护问题等,这些问题是我们规划师无力干涉的,但是我们在做规划的过程中,应该理解到如果没有这些东西做保证的话,规划师的物质规划做得再好,最后的效果可能也是非常有限的。

这就是我今天想讲的。

主持人张景秋:非常感谢杨翌朝博士给我们做了一个有趣且细致的报告,从数据的来源,到中间的分析、发现以及最后的启示,很详细。很多内容对中国目前的居住环境建设来讲,不管是从公共政策层面,还是研究层面都非常有借鉴意义。当然,从人口普查数据来看,我们的六次人口普查数据还没有达到像美国大都市标准统计区的普查数据那样,刚才翌朝在讲述她的数据和分析时提到的采样点设计我觉得非常值得借鉴,从每一个家庭单位出发,又能返回到家庭,具有一种持续性,这对城市研究者来讲是一个很好的数据来源。相比较而言,对于中国学者来讲,研究数据的确是一个非常难以解决的困境问题。正如高晓路老师提议的,我们也一直想做的一件事情就是关于数据的共享。我们也有很多的调查数据,正如我们多年的居住环境适宜性问卷调查数据,这些数据都可以再做深入挖掘与分析,我认为从数据挖掘的角度,大家是可以,也应该做到共享,这对我们研究成果的提升会有更大的帮助。

下面还是有两个提问的机会。

问题 1:其实我们几年前在北京做的基于住房调查的邻里满意度,在这方面跟这个研究差不多。我的问题是你用住宅或者建筑形态作为基本控制变量是如何控制其他变量的?

杨翌朝:是这样,我的测度当然是受限于数据信息的。我当时是这样测度的,在普查时有这样一个问题,就是要问接受调查的人:在你周围 300 英尺,有没有独栋住宅、联排别墅?有没有 2 到 3 层的楼房? 有没有低层建筑,也就是 6 层以下的建筑? 有没有 7 层以上的建筑? 因为在美国一个街区差不多就是 600 至 1000 英尺。我们在调查的时候发现,如果其他三项的回答都是否,也就是说这个街区全部都是独栋住宅,这就意味这个街区是属于低密度的,如果它出现了 2~3 层,那就意味这是属于中等密度的,如果出现 4~6 层就是中等高密度区,如果出现 7 层就属于高密度了。当然,接受调查的人也会考虑自己的实际住房情况,直接给出他自己认可的密度等级。

问题 2:我所提出的既是一个问题,同时也是一个建议吧。是这样,刚才听了杨博士的讲解后,觉得杨博士的研究做得很好、很细,彻底做到我们城市地理来了。我是这样想的,关于您的结论,事实上感觉在很多时候是反对精明增长的。从客观上来说,或者从结论上来说,高密度是好,而混合利用不是太好,不是说您的意见是反对混合利用,但从结论上看确实是有这样的印象。事实上,从公共政策来说,我的看法是,可能人人都喜欢低密度,都喜欢大房子、很整洁的环境,但关键问题是它造成一些外部效应,如果不考虑的话可能你永远控制不住。所以,这个关键问题是你可以选择住在郊外,也可以住得很好,密度很低,但是你对整个城市会产生什么影响? 比如说你对低收入者是否造成了挤压? 是不是造成了交通问题? 这些问题我认为可能是关键问题。怎么解决这个问题? 不是规划师能做到的,也不是设计师能做到的,这可能还是一个经济政策问题,要控制外部性,如果这个能做到,像交通拥堵收费或者是低密度的能源费之类的,如果要做到这些,可能还不仅仅是规划师和住户的协商问题,还需要从另一个角度来解决。

杨翌朝:从我个人来讲,我觉得对任何问题的理解都是与个人所受到的教育密切相关的,所以我也不例外。我的教育环境是推崇精明增长的,从政策的层面上,我们觉得这是一个正确的方向,但是具体的实施要和实际情况相结合。所以,对于我来说,这个研究的结果最重要的是要提醒规划师,现在虽然我们有一个好的方向,一个好的目标,但是在推行的过程中不能急于求成。因为现实中确实是有这个问题的。像刚才我说的,通过设计可以提高人们对高密度的接受程度,现在美国已经从原来的分区变为宗地编码,它的主要目的就是把将来发展高密度地区的规划蓝图,以及非常具体的设计图纸拿给公众来看,以增强他们对高密度的接受程度。所以,在美国很多地区,像波特兰的精明增长目标,就是想推行一种高密度发展模式,在其下属的 20 多个城市里推行最低密度的规划,不是限高密度,而是限低密度,也就是说密度不能低于一个最低标准。但是,发现那些小城市在推行限低密度的过程中阻力非常大,民众抗议,在很多情况下就不得不停止了。如果你问民众:"为什么对高密度产生这种恐惧心理?"民众会这样回答:"因为高密度设计出来的房子跟原来很不一样,影响我们的环境,影响我们的住房价值"。但是,一旦你把高密度也设计得很漂亮,也能有这么好的环境时,民众反对的情绪就少了很多。因为在美国规划实施过程中,公众参与是非常强的,不管美国政府的政策有多好,如果公众不支持它是没办法实行下去的。

主持人张景秋:好,由于时间关系,我们上半时段的发言和讨论就暂时告一段落。让我们再次向上半时段为我们带来学术分享的王冬根教授、王德教授、杨翌朝博士表示衷心的感谢!

下面请大家稍做休息、照相,茶歇,11 点回来,下半时段的主持人是柴彦威教授。

第二部分　圆桌讨论

主持人：柴彦威

主持人柴彦威：各位请就座，刚才三位老师讲得非常精彩，时间也占用了不少。我们这个会刚才有些同行说：规模是越来越大了，档次也越来越高了，讨论也越来越热了，这是非常好的一个现象。本来我是主持后面的圆桌会议讨论的，现在时间有所改变，所以下面三位发言及后面的讨论由我来主持，我们讨论的时间可能要稍微压缩一点。

下面我们先请中山大学的周素红教授做关于时空日志、问卷调查等相关研究的经验介绍，我们欢迎。素红在这方面也是非常前沿的探索者，做了大量的工作，大家可以看到她的很多项研究成果，当然不仅仅是周老师，还有她强大的研究团队，在中山大学做了很多尝试，下面我们欢迎她。

1　基于时空日志的问卷调查研究初探

周素红

周素红：谢谢柴老师，谢谢各位老师、同学。

因为今天上午的主题主要是讲数据、方法，还有一些程式，我的汇报主要是想跟大家分享我在 2002 年和 2007 年做的两次入户调查，采取的是问卷调查形式，每次调查大概 1000 多个样本，一方面想与大家分享我自己在调查过程的一些体会，以及后面做研究时形成的反思，另一方面也希望通过这次汇报，跟大家分享我对现在研究工作的一些思考和我现有的一些数据。呼应刚才高老师提到，我们是不是能通过这种场合互相分享一下自己手头正在整理和搜集的一些资料呢？或者通过不同地区、不同思想的碰撞，能再碰撞出一些好的成果。

时空的话题讲得很长，柴老师也在很多综述里讲得很详细了，我在这里有点班门弄斧了。但是，我想这个确实需要引起我们城市地理研究和城市规划研究领域里的高度重视，因为这本身就是地理学的话题。我们之前的很多研究，更多关注在空间这个层面上，即便是在 20 世纪 70 年代后期，伴随着人文主义思潮和多元化思潮的兴起，我们增加了很多社会人文的因素,即使在这样的背景下,实际上时间和空间这两个概念也一直没有进入到非常主流的研究领域,一个大家高度重视的领域,或者说它受到的关注也是有一个逐渐地、慢慢地让大家接受的过程,慢慢地成为大家关注的一个话题。

实际上,时空研究的话题,我在这里可以借用大卫·哈维的一个说法,认为时间和空间在社会组织里扮演非常重要的角色,我们需要进一步重新来审视地理学在社会生活中扮演的角色,甚至可以把时空的概念拓展到政治、经济领域,哈维认为,实际上,人们每天都在消费着别人的时间和空间,也就是说我们的产品实际上就是时间和空间的凝聚。从这个层面来讲,时间和空间的转换也会影响成本和空间的转换,变成了我们重塑城市空间的一个重要力量。所以,在这个过程中,作为城市地理研究者和规划者,需要更进一步共同关注时空间话题。实际上,以往很多基于静态的研究,很多时候受到一定的局限性。那么,从社会地理学研究层面,基于居住空间这样一种研究领域,或者是基于统计对居住空间的分析,它在研究现实的、不同时空间的社会空间特征时,在对这些方面进行解释时是存在一定局限性的。

另外,在城市规划领域,就算是我们认为的基于用地规划的这种主流的规划理念,实际上也是需要我们重新审视的。昨天也是与柴老师和李老师在讨论这样的一个规划话题。比如说在城市规划里面,最重要的一张图就是用地规划图,而这样一张用地规划图是我们人为给它界定了:这是居住用地、商业用地,那是公共设施用地。但实际上,很多时候,某一种用地在不同的时空间扮演的真正的用地功效是不一样的,特别是在一些老城区,或者是混合利用比较多的一些地区,它在时空间上的性质是不同的。

我举个典型的例子。在我们广州环市东路边上有一个小区叫华侨新村,在规划图纸上这个地块的用地性质是居住用地,但实际上,这个小区在清晨或更早些时候它是一个居住空间,而到上班时间呢,因为它周边是一个高级的写字楼区,所以它在这个时间段成为了很多白领洽谈公务的活动空间,之所以会变成这样的功能,是因为小区底层住宅都被居民改造成适合商务洽谈的场所,在中午的时候就会有很多人在这里喝咖啡、吃午餐,到了晚上也是同样,一层的居住空间被居民转换成大家喝咖啡、聊天、吃饭的活动空间,直至深夜,这些人走了后,这里就又回归为一个居住为主导的空间。所以说,从时空间角度,面对城市规划时,我们有必要重新审视我们的用地,因为它存在着这样一种时空间的特性。

另外,在交通领域,目前传统的四阶段模型尽管受到很多的诟病,但还是很主流的,我认为在四阶段模型背后,是我们对时空间要素考虑的不足,还需要更进一步地去完善它。实际上,时空间行为有很多不同时间尺度、对象的界定,既可以长到一个人的生命周期,也可以小到日常的某一个细节。比如说,我现在正在做报告,做报告是一个行为,回到座位又是一个行为。所以,它有一个精度的问题,或者需要为行为的时间长度给出一个界定。这就会导致我们在进行问卷调查的时候,对于所调查的时间和空间精度与设计者对长度的界定密切相关。因为这既可以是一个延续到无穷细致的活动,也可以是宽到很宽泛的一个活动。

所以,在 2002 年和 2007 年,我曾经专门针对行为开展过两次调查。第一次 2002 年的调查主要针对的是居民交通出行,我当时关注的重点是交通出行与用地和物质空间的关系。2007 年是基于两种类型,一类是居住,一类是就业,关注这两种类型的行为的决策导致的迁移行为与日常活动,这是两个不同尺度和精度的两种行为调查。在这两次调查中,背后的样本选择支撑是类似的。2002 年我选择样本的时候,从这样几个层次考虑:首先是它的区位,要选择典型的街区,而典型街区的选择是基于中国特色的社会经济体制,并对社会经济转型产生很重要的影响,所以在选择街区的时候,更多考虑的是基于这样一种转型期所导致的不同住户类型。

比如说 2002 年更多考虑的是在老城区,由传统的祖屋遗留下来的居住类型,中间也包括一部分进行了改造的混合居住类型,这里有商品房,也有祖屋,还有一些单位住房为主的社区等等,主要考虑的是区位以及小区住房的主要构成类型。当时关注的重点不是很清晰,究竟是关注居住空间和城市居民之间的行为关系呢?还是关注住房及其体制转型属性对人的行为影响?当时不是非常明确,这是第一个不明确的地方。第二个不是很明确的地方,是在问卷的设计里我究竟想回答什么关键的科学问题?当时没有想得很清楚,而交通行为和用地之间的关系是一个很大的领域,这是一个领域却不是一个科学问题。所以,我觉得在设计调查问卷时,应该非常关注的方面,就是必须要有很明确的科学问题,而这个科学问题是要有其背后的理论支撑和研究者想要进行突破的问题,或者在进行验证时有一个比较完整的研究思路设计,这时再去开展调查才会比较有效,而我们的两次调查在这方面就缺乏相应的考虑。

但是,两次调查有一个共同的地方,都是大概 1000 个样本左右的样子,都是基于对这种典型社区的调查,并且这两次调查中典型社区的选择有一定的延续性,就是 2007 年有大概 5 个社区同 2002 年是一样的,是可以回溯的。另外,在选择的过程中,2007 年在社区选择方面希望能更加完善,把原来没有考虑到的城中村、郊区化背景下的商品房,还有单位房类型的单位生活区和单位大院等等做了一些区分,所以在 2007 年设计调查问卷时,针对典型社区的选择进行了细化考虑。在后续的对比研究时,回过头来看,就会发现在 2002 年设计问卷时缺乏相对明晰的科学问题。相比较而言,两次的调查侧重点是不一样的,2002 年更加关注的是大家刚才讨论的个体心理感受问题,就是出行的感受、行为的感受。当时我隐隐约约想做这方面的思考,就是说究竟什么样的交通方式在什么样的人群和什么样的空间或者路网上体现出的满意度是什么样的?但是也碰到比较大的难题,用这种基于问卷调查得出的满意度去说服别人,也许很容易被人家提出疑问。像我刚才问王德老师的类似问题一样,你产生或者有了这种出行感受的原因,究竟是不是因为其他原因引起的?还是因为你确实在这条路上，你自己觉得这条路就是这样的。所以说，可能是因为自身知识背景的限制，对于心理感受这个环节的深入研究就存在一定的局限。

相比较而言，2007年问卷调查的科学问题就相对明确一些。因为2007年我就关注两个主题：一个主题就是在体制转型这样一个过程中，不同社区或者不同体制内、外的人，或者说对体制内和体制外住在不同社区的人，他对居住地和就业地选择的变化，或者说他对自身空间的变化以及导致当时变迁的原因是什么？这样一种变化就是一个主题。那这种变化究竟是什么因素来影响它的？是体制因素还是只是一个物质空间的因素？各自影响的程度是怎么样？另外一个主题就是想看看，这种时空间活动之间有没有存在不同时空间层面上的社会分离、分化？比如说，从阶层的角度，它在时空间是不是有一些不同的时刻点存在着分离的状况？又比如说，在这样一个阶层识别之外是不是还存在某些空间，在不同时间段它所扮演的角色不同？再比如说，城市中心区，它在就业区有可能是一个消费区，有可能是一个居住区，同样的一个地方是不是存在因时空间差异而产生的一种新的功能划分的方法？

在这个探究的过程中，因为针对我2007年问卷的延续，就是现在正在做的国家基金，侧重空间变化及其对交通需求的影响研究，在当时就设计了一块内容，分析和探讨究竟我们的交通出行方式在时空间上有什么差异？有什么分化？这样的出行方式的差异，其表现出来的背后原因是什么？所以，我们在2007年设计问卷时科学问题相对明晰，进而出现两次的产出是不一样的。

2002年我们关注的除了前面提到的个人状况、家庭属性之外，很重要的一块就是在调查分析上下班通勤情况。实际上，我们把出行分化出几种类型：一类是上下班通勤；一类是购物出行，包括日常购物和阶段性购物；还有一类是游憩活动出行，以及其他活动出行。在调查分析的过程中，实际上我们把出行整个链条给分割了，分割成不同出行类型后再分别去问，虽然我都会问到时间和空间的概念，但是实际上这两者是被割裂开了，没有一个很严格的链条把它串起来，做出行链条的分析。所以，在后面的数据处理时，我只能说通勤是什么样的，购物是什么样的，只能把它单独一对一地进行分析，这就缺乏很好的、真真正正意义上的、整个时空间不同断面上的信息提取。

在问题的设计层面，我当时也考虑到重点是要把整个出行细化，细化到不同的交通出行方式，其中公共交通这部分又给它细化为去站点的时间、换乘次数、公交线路等，就是做得非常细致的问题。但是后面发现这些问题在进行数据处理的时候就有很大的难度。实际上，这些问题到目前为止我都没有把它挖掘出来，没有想好应该支撑什么样的科学问题。所以，在2002年的问卷里面，当时很多问题的设计是基于很工程化或者是很理想化的问题设计的，但是最后你会发现因为前面思路不是很清晰，后面的分析就没有作用了。

在两次问卷调查的过程中，也考虑到一些个体感受方面的问题，像询问被访者对交通方式是否满意？时间和距离对他们满意程度的影响怎么样？不同时间段对工作地周边的环境满意程度、景观的满意程度等等。我在随后的分析过程中，就满意程度做了一些尝试，把它落到对应的路网上去评估。所以说，针对这个问卷，尝试最多的就是对这种主观个性的调查分析。但是对于这种主观性调查，所获取的数据可能是由于自身知识背景不够，所以在后面的分析中还存在很多的局限。

反思下来，由于我们的主题不够明确，导致时空间是割裂的，调查问卷中的很多问题的设问后来是难以使用的，所以产出也不是很多，直接相关的成果也就是三篇文章，而且我觉得这三篇文章描述性的内容更多一点，而对其背后的机制和要素分析方面还不是很深入，理论性支撑不强。

当然，调查也对我后续做时空间研究有一个启发。当时做了各种各样的满意度的调查，在后续分析研究中，我就考虑把满意度通过最短路径的方式模拟到路网上去，尝试用来分析这个路网究竟哪些地方对什么样的人是满意的？哪些路段对什么样的人是不满意的？然后再看这种满意可能表现哪些方面？是对景观的满意，对通达程度的满意，还是对其他什么方面的满意等等。随后，还针对购物这部分也做了一些分析。2007 年这个调查我觉得相对来说就比较完整一些，就是从家庭的、个人的两方面，针对居住和就业选择设计了一块调查内容，包括你在哪里住过？为什么会搬迁，且为什么选择搬迁到这个地方？你在哪个地方工作过？为什么会选择在这里工作？最后，我通过时空匹配，匹配出被访者的时空轨迹，比如说在某一年他在哪居住？在哪就业？不同的年份他又有什么样的变化？变化的路径是怎样的？为什么会有这样的变化等等。

另外，2007 年这次调查也重视了日常出行链的调查，把被访者整个出行的过程描述出来，包括他的目的、方式、地点、时间和空间。这个分析当然也同样有一些难以分析的问题。比如说当时想尝试对网络行为方面的调查，但是发现很多人填不了，因为在当时 2007 年的时候，多数调查对象根本没有上网。另外，也有设问设计不合理的地方，比如说让他写经常浏览的网站，实际上他可能是非常随意的点击，他确实有几个比较常去的，但是他可能不一定记得那个网址或者网站是什么样的。所以说在针对网络行为的调查方面，实际上也是一个很大的难题，这也是后面没有挖掘出有用要素的一个方面。

对比来说，2007 年的研究主题是比较明确的，并且有些研究可拓展性还是比较强的，我可以通过前面的研究，再拓展出其他的一系列相关研究。另外，问题的设计比较清晰，产出也相对比较多，这次的产出目前已经发表出来的文章有 4 篇，还有 1 篇处于修订状态。这些文章将我想表达的两大主题都表达出来了：一个就是居住-就业区位选择的空间关系；一个是日常活动的时空间关系。同时，在这个过程中，我们又挖掘出一些典型案例。

因为时间关系，我就快速地把基于 2007 年的问卷的基本产出给大家简单地过一下。一个是居住-就业区位选择关系,在 1996 年到 2007 年这样一个社会经济转型过程中,基于全体调查样本的居住-就业空间变迁是什么样的? 是不是在不同的社区类型区内,其群体存在着社会分化? 通过分析:我们发现,产生就业、居住和教育出行的较长空间距离的社区主要有两大类,一类是保障性住房占主导的社区;一类是郊区商品房占主导的社区,所以我们又延展出专门针对保障性住房的问题,去看看在保障性住房中是不是存在内部群体的分化? 如果存在,这种群体的分化是不是会产生相应的空间不匹配的现象? 造成这样空间不匹配现象的更多原因是主观的原因,还是受到被动状况影响而引起的? 是不是因为主观和被动的差异造成不同住房类型的住户之间也存在着一些差异? 最后,针对这样一种保障性住房,归纳出我们需要怎么样来完善我们的政策的制订。

另外,我们也对时空间的关系进行了分析,分解出不同时间断面人群的集聚以及不同阶层时空间的集聚分化。在不同时间断面里面,又针对不同阶层、不同人群,甚至这个阶层内部的某些特定的人群之类等等,也可以进一步的深化。比如说专门把女性拎出来,看女性和男性有没有区别? 然后,也可以在一个时间段里,比如说都是 10 点半或者都是 9 点,再进行就业方面和居住方面的分析,以及购物和其他休闲娱乐活动的分析,探究在不同的时间断面里,在空间上会有什么样的差异? 在出行链上,这是一个完整的日志调查,所以,我们可以去分析时间链,包括谁先,谁后,以及用不同的组合来分析时间链问题。

最后一个内容就是针对我现在正在做的研究,分析在不同时间断面上的出行方式的空间分布。例如,广州在早 7 点至 9 点的早高峰时间,不同交通方式的空间分布是有差异的。最典型的就是物业巴士这种交通方式,因为公共巴士线路配置与供给的不同,导致有一些交通出行不方便的地方,其商品房住户出行大量依赖物业巴士,另外一方面也依赖小汽车。同时,工作单位的班车也表现出与物业巴士相近似的特征,它不像步行和公共交通这么平衡,表现出从市区到郊区过渡地区比较集中。实际上,根据我的分析认为,一方面有可能是基于体制转型下所获取的额外红利,有些人把在市区里的单位房出租,到郊区去居住了;另一方面,早期在城市中心区的单位制的国有企业因为城市空间的更新搬迁到郊外了,所以很多人想通过班车的形式延续自己作为国企职工的红利,因为这样一个国企从城市中心搬迁出去,通常会配备单位的班车接送原来住在市区单位房小区的员工,这个我们在后面调查中是也验证了这点。所以,国有企业的搬迁也会引发单位班车延续的方向。因此,我通过这些出行方式的时空特征分析来反思背后的原因和产生这种效果的机制,而不仅仅是不同车辆的使用方式,它指证的是时空状况。

简单小结一下。首先,在问卷的设计过程中,研究的关键科学问题是必须要找准和明确的,必须要有充分的基本假设,同时必须要有充分的理论知识和积累,并且要不断总结,最好也能进行一些延展性的研究,就是把已有的调查数据能在后续有一个时间上的延展,且要保障时空间具有不可分割性。其次,在相应的应用和拓展方面,目前想开展的就是在特定阶层的时空性研究,包括特定阶层的时空可达性,设施供给的时空性等,另外,我们需要进一步地探究空间所代表的深层含义,也需要在城市规划和交通规划领域进一步拓展它的应用。以上就是我的报告。谢谢大家!

主持人柴彦威:谢谢素红给我们分享了她们研究数据的调查和分析中的一些经验和一些思考,我觉得素红的发言非常符合我们这次的主题,特别是上午的发言,不是某一个具体研究的详细报告,而是说一些案例,并通过这些案例给我们不少启示,大家一起讨论的是一些共性的数据分析和一些应用方向,或者是研究的科学问题,以及一些比较高层次的交流和思考。其实,她共享的一些知识我觉得非常客观,也非常大胆,应该是实事求是的,能够反思自己的一些做法。实际上,我们这个研讨会的初衷就是希望有这样一个平台,一个为交流、分享和反思的平台。所以她讲的内容,我觉得非常好。由于时间关系,大家看看有没有问题或者是简单的评述。要是没有我们就放到后面一起讨论,再次谢谢素红!

下面我们有请北京大学的马修军老师做"基于定位技术的微观个体移动数据的采集、管理和分析"的报告。最近这几年我们研究组和马老师有很多的合作,把 GIS 数据的采集、管理和分析,以及 GIS 和行为研究的结合做了一些探索,之前在一些学术会议上也做过交流、分享,应该给我们从事人文地理学行为规划研究的人带来了一些刺激和冲击,我相信今天他下面的报告也会带给我们同样的感受。

2 基于定位技术的微观个体移动数据的采集、管理与分析

马修军

马修军:谢谢柴老师的介绍,非常感谢柴老师从 2007 年把我带到空间行为的研究会,然后我的幸福感、满意度得到了极大提高,因为我由此找到了一个很好的研究方向。现在看到后面有很多年轻人都加入进来了,我想这个研究会一定会很有发展前景的。

我今天汇报的研究是在柴老师的指导下进行的,近年来,我在空间行为和信息技术的结合方面产生的一些想法,有很多还在研究中。

我想分几个方面来介绍一下:第一,我想回顾一下,我们为什么非常关注现在城市流动性以及人们的空间行为? 在这么复杂的一个大城市,面对这么复杂的空间流动,我们怎么研究它? 怎么获取数据? 怎么来分析? 怎么来应用这样的知识? 第二,要完成这样研究,后面我们能不能有高效的 IT 技术来支撑我们对数据的采集、分析以及应用? 能不能有很好的信息环境来支持我们的研究? 第三,我重点对近年来我们和柴老师一起合作进行的数据采

集、分析,特别是对研究实例进行反思,如果我们要做这样的数据分析平台的话,我们应该怎么做? 第四点,是对我们后续研究的一些展望。

首先请大家想像一下,如果我们把城市内的大楼都撤掉的话,实际上我们看到的是一群人,看到的是一个个的人在城市里流动,这是我们能明显感觉到的信息。同时,在我们看不见的背后还有一个流——信息流,我们打电话、用互联网,背后还有一个信息流。整个城市是一个流动的空间,在这个空间里,我们能不能用现代化的信息技术捕获到这些流动的东西,然后提取一些模式、知识和模型,来指导我们的规划、政策、应用? 如果我们通过应用信息技术把流动信息捕获出来,我们从中可以获得什么呢? 这是 MIT 在意大利做的一个研究,对通过打电话捕获的城市流动做了时间断面的一个展示,获得整个城市流动空间的格局,反映了城市的一个分布变化。同时,我们可以把流动的空间格局通过模型分析出来。比如说,这个区是一个居住区,晚上比较密集,白天大家都出去工作;这个区是个工作区,白天很密集,夜晚就是人比较少。

所以,我们能不能做这样的研究? 用这些新的 IT 应用或者 IT 设施来捕捉大规模人群的行为,在这个行为里面我们学习、分析、建立这个人群,还有阶层汇总后的行为模型,用这个模型来指导个人的应用和设施的规划以及宏观城市的应用。所以,我们的研究范式包括:如何快速获取研究用的移动性数据? 在这样移动性的数据里面能不能提取出反映我们研究需要的行为模式? 我们建立这样的模型,用这个模型进行分析的时候,如何提供一些大规模服务的模式? 这就对我们的研究提出一些挑战。

现在的 IT 技术,现在的信息环境是否能够支持我们来做这样的研究? 首先,回顾一下,我们现在有这么几个有利的条件:移动定位技术已经可以帮助我们来做这样的事情,比如说,我们可以用移动 GPS,可以用移动通讯网络,可以用 Wifi,可以用 Rfid,可以用各种传感器来对大规模人群时空行为进行定位、采集,特别是对我们看不见的信息,如打电话的时候,我们背后移动通讯网络有一个非常强大的捕捉系统,只要我们用电话就会有一个时时对我们位置的捕捉,知道我们是谁? 在什么地方? 什么时间在这等等。我们要获得这样的信息,就可以选择定位技术。这样的技术设施对我们了解整个城市的流动空间提供很好的数据来源和基础设施的支撑。

随着 3G 网络和其他对位置服务技术的普及,越来越方便我们通过移动网络对人进行定位。通过这种高级的地理信息服务平台,我们能为这种移动用户做很多种服务,比如说我们最熟悉的导航、本地搜索,还有一些增强现实的应用服务,这些可以为大家的生活提供非常方便的服务。

现在地理信息技术应用的商业领域,主流的 LBS 服务(位置服务)也是非常多的,在我们熟悉的这些导航中,个人导航应用很多,现在也有很多新兴的社交网络的应用,如

Facebook 之类的,大家对这种应用已经越来越接受,虽然我们害怕个人隐私被泄露,不愿意用,但是现在它越来越方便,人们越来越倾向于这种应用服务。我们的生活中会有这样的场景,我们会用移动位置服务做各种东西,比如说大家搜索最近位置有什么东西,有什么样的服务? 然后对于我们要去的地方做一些推荐,或者做一些评论,可以获得一些优惠券或者是获得一些额外服务等等,我们可以通过位置服务让我们的生活更方便快捷。

举一个例子,让大家感受一下,我们现有用户对这种移动生活接受度有多高! Facebook 在 2009 年推出了一个服务,这个服务的基础就是基于位置服务,通过这个服务可以看到用户在哪里? 这个地方有什么服务? 我的朋友都在哪里? 可以看到在 30% 的社交网络中,不但知道我的位置,也知道我周围好友的位置,而且位置之间还能够互动、交流。同时,还有一个游戏的元素在里面,怎么让用户参与呢? 你可以分享你的位置,也可以通过分享获得你的位置,这样就可以获得位置附近的一些商业设施给你的优惠券,给你的奖励,让你获得一个等级,比如当"市长",这样用户的参与度就非常广。我们可以看到这项服务 2009 年上线后,在 2010 年 4 月份用户就超过 180 人,现在可能已经更多了。从中我们可以看出,移动用户对这种移动定位带来的便利生活的接受度是越来越高了,这说明了什么? 说明可以用我们的行为模型给用户提供服务,同时这个服务的背后又反映了用户的行为,他们之间是一个良性的互动,在这样的信息环境中我们可以做我们的研究、应用和规划。

接下来,我就把我们近年来在行为数据采集、分析的事例给大家简单回顾一下。首先,我们做的一个研究是大规模移动用户行为采集研究的案例。这个研究是让我们直接对移动运营商的移动通话记录做一个数据的提取。这里面当然有一个隐私保护,用一个什么东西能控制住隐私呢? 我们可以通过一系列严格的流程,针对一个城市的大规模移动行为进行采集,在采集的过程中,将个体私人信息进行匿名化处理,保护用户的隐私。我们做的一个研究案例是选取一个省,利用全省三个月的通话数据,对用户行为做了一个数据采集,以每天实际产生的数据量为基础,以三个月为单位,采集的数据量是相当大的,总规模超过 1000 万个移动电话的用户,通过对这些采集数据的分析,我们可以获得用户在这三个月时间内的什么行为呢? 从数据角度,我们可以看到每个用户每天的活动位置,包括你每分钟在什么地方? 你是打电话,还是接电话? 以及接打电话时的位置,我们都可以剥离出来。这样的话,我们根据性别不同可以分析用户的活动行为,在我们的数据分析中,蓝色代表的是男性,红色代表的是女性,我们可以把男女用户的活动轨迹刻画出来。例如,针对一个很小的城市,通过这样的通话数据可以刻画出一个行为轨迹,将这个行为轨迹进行立体化处理后,我们可以看到这些活动的时空分布状况。在此数据分析的基础上,我们所做的第一个研究,就是要重建移动用户的时空路径。尽管三个月打了很多电话,但落到每个人每天打电话的数据量来看却很少。所以,我们做的第一个研究就是能不能在稀疏的通话记录数据中,参照出行行为数据采集的特点,还原每一个人的行为路径,进而,比较不同职业人群的时空路径。对于第一个研究,我们有一个前期研究基础,可以用三个月的数据来弥补手机数据稀疏的缺点,最后来还原出一个比较稳定的时空路径特征,进而刻画出某个城市群体在这个城市内部不同城市空间,如工作、居住、出行、娱乐等的空间利用特点。针对这个数据结果,我们可以用调查人的居住区、工作区建构的 OD 矩阵进行分析验证,从验证效果看还是不错的。

第一个案例是被动式观测分析,主要是通过被观察者的行为反推出来的。下面讲到的第二个研究事例就是说,现在我们能不能主动地观测其连续的行为,并进行分析。我们在天通苑、亦庄、颐和园设计了一个主动观测项目,即招募志愿者,为这些志愿者配备手持 GPS 定位设备和 GIS 分析软件进行出行轨迹采集,在采集出行轨迹的同时,要求志愿者随即填写他的活动日志,我们把这个项目设计建构在一个智能分析平台上,然后将用户数据、活动数据、轨迹数据做成一个数据仓库,在此基础上再做各种各样的分析,我现在把这个平台快速地过一下。

我们希望做出一套开源的时空活动分析平台,让它独立于商业的数据库,利用 GIS 软件,有强大的数据仓库功能,而且集成时间地理学的各种度量,支持空间数据的导入、导出、轨迹数据的加点以及活动日志录入等。这个平台可以给大家复制共享,目前没有什么商业版权问题。

在做柴老师主持的智慧承德规划项目时,柴老师提出一个时空数据采集智能分析的总体框架,然后我做了一个总结。这个框架应该包括,一个基于隐私保护的移动行为采集技术手段,得到采集数据之后要通过轨迹重建技术,还原采集数据情况比较好的用户行为。在这个行为里面要提炼出每个人的行为模式,或者一群人的行为模式,包括对异常模式在内的各种模式的快速提取,对这些模式提取主要用于行为规范的应用。根据柴老师研究的总体框架,我们将来要开发这样一个平台,首先是要做一个普世的移动定位数据采集服务前端,它背负移动运营商、LBS 服务商以及我们自己的定位采集器等多个终端,以及一个未知感知层,这样实施的轨迹数据流可以上载到我们智能分析一体化的平台里面。但是光有这个轨迹数据是不能进行行为分析的,我们还需要加上智慧城市动态数据采集器,把城市系统的数据流也集中过来,通过数据的抽取、转换应用平台,变成适合我们时空活动分析存储模型中的一个基础存储层,在这个基础存储层上,我们附加有一些数据挖掘、智能分析、数学建模等分析工具,形成一些应用出口。这些应用出口,根据柴老师的想法,应该有三个层次:第一个层次是微观层次,是为居民个人移动生活提供应用服务;第二个层次是中观层次,其终端是为街区的商业设施或者公共设施规划服务,比如说王德老师的商业设施规划,利用这个平台系统可以分析和模拟如何优化这些服务设施布局;第三个层次就是宏观层次,可以应用于整个城市的各种服务。这是我们将来的一个研究设想,将来要开发这么一套系统,这里面有很多关键性的研究需要我们去攻关,包括一个人的时空行为如何重构? 在这个分析里面能不能将时间地理学、活动分析法、行为选择模型等有效集成到一个平台里面,这是对我们非常大的挑战。谢谢大家!

主持人柴彦威: 好,谢谢。可能我催得有些急,马老师的汇报后面稍微粗略了一点。因为我们这个研究组的设想和框架,刚才马老师说他可能也汇报过 3 次以上了。我觉得这是一个新的尝试,就是把空间行为研究规划和 GIS 等一些新的技术相结合,通过数据的客观性、可靠性,到数据管理的高质量,再到数据分析的手段,使得我们人文地理学的研究或者时空行为研究的客观性、科学性得到加强,刚才马老师也讲到了应用,我觉得将来一定是有一个模拟系统、有一个平台能够去应用,马老师给我们展示了这样一个应用前景,当然包括刚才讲的数据。王德老师刚才也讲到这个过程很复杂,怎么样用一个比较简单的办法来进行分析和模拟? 如果在城市规划里面进行应用,使用者往往一看这么复杂,投入这么大,时间这么长,就想我做不了,那么我们怎么样克服这样一个问题,能够给城市规划以支撑,比如说我做一个规划,需要 6 个月或者 1 年,如果有这样一个平台系统就能够给这个规划一个强有力的支撑。我想这个数据采集、分析的平台做起来以后,一定会给我们这样一个支撑。当然后面还有一个综合集成,会面临很多很复杂的问题,比如怎么在这样一个平台上进行成果集成和展现? 我想模拟是很重要的一个方面。我认为这是一个很好的攻关方向,我们还可以再讨论,大家再看看有没有什么问题。陈洁也是搞 GIS 出身,现在中科院地理所工作,在这方面也有很多的研究。

陈洁: 是这样,马老师,我在这里想问您两个小问题,因为您在报告一开始的时候就已经明确地提出来您研究的主旨是通过捕捉大规模人群的行为模式来指导个人行为,您在如何捕捉大规模人群的行为模式介绍中,我觉得有两个很重要的方面:一个是数据采集,另外一个是采集、整理和管理之后如何进行数据挖掘? 这两个方面也是我最关心的,因为我们现在也在尝试进行这些方面的研究。我想问您的就是随着移动数据采集技术的不断提高,我们获取数据,尤其是获取海量数据的能力也是在不断增强,这些数据,相对于传统的调查问卷的数据,其最大优势就是体现在海量上,我的问题是在您的研究里面,您采集的数据量有多大? 另外一个问题就是,在您搜集好这些数据之后,在数据挖掘方面您有什么想法? 是打算用数据挖掘的哪些方法? 是从时空数据挖掘,还是说从其中哪个方面来切入? 谢谢。

马修军: 你的问题很尖锐。是这样,海量数据带来的挑战是我们原来想不到的,你想我们用的那套数据,一天 10 个 G,三个月是多少数据量? 你在这样一个数据量级里面怎么来做研究,本身就是一个挑战。而且那个数据的质量你是可以想像的,有的人打电话多,有的人打电话少,这里有很多误差和噪声,我们怎么能从这种海量、噪声很多、质量参差不齐的数据里面,通过一些手段和方法还原现实世界本该发生的过程,并在这个过程中能够把这些行为重建、还原? 有了这个东西之后,就相当于我们能对这个城市在这一段时间内发生的空间流动有了大概的历史还原能力。针对我们正在进行的研究,我刚才展示的只是构成我们研究的比较高质量的一小部分数据集。在这个小的数据集上,根据应用的不同,我们选取不同的数据挖掘方法或者建模方法,或者模拟方法来指导应用。一方面,你必须是带着一个研究问题,就跟前几个学者所讲到的。另一方面,这个数据集里面可能内容非常多,但是它有可能存在很多缺陷,能不能适合这个研究用? 你得提出一系列的数据提取、模式转换,到最后的成果应用等处理方法。

高晓路:其实非常非常期待这个软件平台赶紧做出来,因为我们现在也有一点小的调查任务,能拿到一些数据,但是我们不知道该怎么用。我现在想问马老师的是,我刚才看到您的PPT中一开始提到一个云计算,因为这个肯定是支持海量数据处理的,但是可能没时间说,您稍稍介绍两句,这是一个什么样的计算? 再一个就是想问中国移动也好,中国联通也好,目前有没有提供这些服务,像冬根他们在香港有企业委托项目,他们就帮着做一些数据分析工作,我们现在有没有提供这些服务?

陈洁:我再加一句,我也是觉得你的海量数据里面有一个调查案例,它的基本单元是以什么为基准的? 空间上的基本单元,是落到街道尺度,还是落到什么地方?

马修军:空间单元是这样的,移动通话的单元和我们想像的单元不一样,它是根据移动通话的基站来确定的,每个基站负责一定范围,当你接打手机的时候它就有一个基站覆盖范围,承担一个数据采集的基本单元,那么这个单元在和地理位置匹配应用的时候,你如何把这种基站服务覆盖单元,与传统GIS空间单元匹配起来,得有一个新的什么东西,这需要有一个比较好的尺度重新整合,这是一个难点。换句话讲,就是把电信基础设施的投资力度变成我们研究的地理尺度,怎么转换这也是一个困难的地方,需要我们进行研究探讨,也是一个没有解决的难题。

说到云计算,现在移动运营商已经有计划把数据进行隐私保护处理之后,进行数据增值服务,他们都在不同层面上做了不同的服务接口,但是你要获得某项服务你得有相应的资质,才能获得想要的服务,我们现在也是与之合作研究的。

我们有一个中国移动联合实验室,科研是没问题的,双方合作可以共享数据资源,但是这个研究首先是要对数据供应者有用,其次,再用它做行为模式的研究。云的方式是这样的,我们希望开发的云平台不是自给自足的,它是一个在线平台,属于数据改制层的,就是不同的研究者、不同的团队、不同城市,都可以用我们的采集结果,然后把你采集的数据也放上来,在这个云平台上进行在线分析。当然,在我们的平台里面,这些数据保护、隐私都是一体化的,就是说这个云是一个服务,大家以后不用再建平台了,希望这个平台能降低大家的研究门槛,将来我们开发出这个平台,只要提交你的问卷、研究区域,再选择用什么样的定位手段,就可以马上使用。

　　陈洁:比如说我们现在有一个省的数据,是要把这个省的数据贡献到云的管理层,那有保密协议吗?

　　马修军:在我们的云平台里,你的研究既可以贡献分享,也可以得到保护,这没问题。在云平台里,不是说一切都是共享的,云是有很严格的数据保护机制的。就是说,你的研究放你这里安全,放云平台里一样安全,只不过你随时随地可以用,你可以把你的服务暴露出来,但你的结果可以得到保护。

　　主持人柴彦威:在我们的合作研究里面,马老师他们拿到一个省的移动数据,及几个城市出租车的 GPS 数据做分析,怎么样把海量的移动数据做城市研究、行为研究、规划应用研究,这是最近都在探索的问题。今天刘瑜老师没来,刘老师上次来跟我们研究组交流的时候也把他们的四五个类似的研究与我们做了一些探讨。

　　我觉得这方面应用还是比较新的,应该说还有很广阔的前景,前一段时间爱沙尼亚塔图大学的一个研究组前来交流,他们在做移动数据的采集及其在人文地理学中的应用,包括城市规划中的应用,在国际上是做得非常前沿的一个小组。在我们的交流中,谈到怎样把诸如移动景观、移动数据和移动空间规划做好等前沿性话题。

　　就我的理解,目前数据还是一个约束。为什么在爱沙尼亚会做得那么好呢?因为它是一个后社会主义国家,国家比较小,现在对这种隐私保护还不是那么健全,所以他们跟公司合作,就会拿到这些数据,并且是非常详细的数据。其实在中国也有类似的情况,由于目前我们可以做一些合作项目,或者说给地方做服务的时候能拿到一些数据,当然在发表文章的时候都是 X 省、X 市,不会公布具体省市的名称,这是有协议的。这个数据目前在国内还能够拿到一些,可能还是一个机会,当然慢慢地可能要把它规划一下,怎么样把它制度化?怎么样去规范?下一步将努力改变这种现状。谢谢马老师!

　　下面我们有请清华大学的刘志林与我们分享"城市居民就业和公共服务设施可达性问卷调查的设计和实施"的报告,大家欢迎!

3　城市居民就业和公共服务设施可达性问卷调查的设计和实施

刘志林

刘志林:我可能讲得比较细,争取快点讲完,多一点时间来做一个开放的讨论。

刚才发言的老师讲的是自己已经做过的东西,而我今天主要是讲我正在进行中的一个工作,昨天刚做完15份的预调研,昨天半夜还在赶问卷。所以,我是想跟大家交流一下,或者分享一下我在这个过程中碰到的一些困难及一些体会。

我们现在正在做的一个问卷是准备在北京做的入户调查的问卷。实际上,这是我主持的一个国家自然科学基金课题。我在这个课题里关注的是低收入群体,我们对所谓低收入人群的研究都在关注他们住房的来源或者住房条件,现在这也是学界和政府部门非常关注的问题。但是我们如果从地理学或者规划的角度来看,可能对于低收入者来说,他面临的不止是一个居住机会的困境,更可能是我们所讲的双重困境,也就是说,他除了问:"我能获得什么样的房子? 我能住在什么样的房子里面?"之外,作为一个个体的人,在一个城市空间里面,在这个互动过程中他还能够获得什么样的空间机会? 或者说在当今中国城市的大规模的空间重构,包括住房市场化的改革等背景下,对于低收入的人群来说,一方面是住房的问题,另一方面,就是面对这样一种空间结构,因为获得住房的同时丧失了利用各种公共服务设施的可达性。这是一种综合性的结果,他也许住房好一点了,但是他总的生活质量或者幸福感、满意度都是在下降的。

基于这样的背景,针对现在设施的规划,我特别希望研究分析现有的住房政策是不是加剧了这样一种空间障碍? 加剧了空间机会上的困境? 我想做这个研究。刚才上午发言的老师也都讲到数据获取真的很难,最简单的一个办法就是找现在已经有的数据,所以我就到处搜罗数据,跟很多的老师合作。我的体会是现在我们能够看到的,和这种研究相关的最多的数据,可能还是一般社会调查的数据和住房调查的数据,包括我们国家统计局的人口普查数据或者是1‰的人口抽样调查,也就是所谓的小普查数据。另外,还有很多的学者专门做的住房调查及现在越来越多的地理学者或者规划学者使用的是对设施的评价,或者是居住满意度的调查以及通勤的调查等等。除此之外,还包括交通出行的调查,或者是活动日志的调查,这种是现在我们能够看到的和这个研究相关的,我们也用这样的数据分别写过一些相关的文章,但是我自己有一个体会,这也是促使我再做一次调查的原因,尽管知道自己做调查非常的困难。

我的体会是,调查里除了获取有住房信息外,还要做所谓的行为调查,包括出行的行为、通勤的行为、活动日志,这种行为反映的是综合性,不止是住房条件,还包括个体和城市空间互动所产生的结果及各种行为的调查。但是实际上,对住房和行为这两个调查通常不是处于一个均等层面进行考虑的,或者说做住房调查的可能顺便会问一下通勤等等,实际上这种相互的关系可能涉及的不是那么严密,或者是做出行调查、活动日志调查的可能也会顺便问一下住房在哪,或者住什么样的房子,因为住房在各种各样的维度测度上又相对没有那么严谨。我在想怎么能够把这两个同等地考虑进来,这样使得我们能够分析,低收入的人群在解决居住困境的同时,他的可达性困境到底是怎么样的? 是不是降低了? 我是想把这个结合起来。

另外就是现在所用的更多的数据是所谓的截面数据,是问他现在的情况,当然在住房调查中也会调查所谓的住房史或者迁居史,但是可能在活动日志上很难获得,或者是在行为层面很少有问卷去追溯历史,我们也曾经试过,但是不是很成功,尽管如此,还是想来试试,因为这种居住的变动所导致的空间机会是值得研究的。

基于这个考虑,我设计了一个问卷,大体是想调查这样几个方面:首先,是一个现状调查,从住房机会上,我想一个是住房的条件,一个是住房的可支付性,就是支付能力的问题,这个问题是一般的住房调查或者是社会调查都会问到的。而在我的问卷中,将对公共服务设施的利用,包括公交站点、医院、基本的教育、购物、就业、通勤等等纳入进行。

其次,就是把住房扩展到社区的邻里关系、居住满意度,我们确实设计了一个很长的、有26个问题的量表,一会可以给大家展示一下。实际上就是想把这两个问题能够关联起来,来研究对于低收入人群来说怎么解决自己的住房问题? 换句话说他获得什么样的住房机会及获得不同住房机会的这些人在各个方面的可达性上面是一个什么样的状况? 我特别想看的是政府在此所起的作用,即通过政府补贴的渠道获得住房,来解决自己住房机会困境的这样一些人,他的可达性困境是不是更差?

同时,我们有将近1/3的问卷实际上是在追溯,就是希望通过追溯迁居动机,如他因为什么原因导致最近一次居住变动,包括针对上面提到的各种问题,被调查人他的情况是怎么样的? 特别是因为他的居住变动对他的就业通勤情况带来怎样的变化? 他的居住满意度、社区邻里关系是怎么样的? 我们设计问卷也是想解决上面提到的数据问题。但是这个调查问卷面临很大的困难,这个问卷我设计了一年,曾经尝试过三次联系入户。最近因为有一个关系总算可以进入社区了,对我们做问卷调查是非常配合的。

从问卷的设计上,我之前也跟很多的老师讨论过,包括王茂军老师、杨翌朝老师,就是除了利用现成的住房调查,公共设施的利用和可达性的这种行为怎么去问,我们会问最近的公交车站和最近的地铁站在哪里? 会问被调查人在日常生活中去哪购物? 生病去哪家医院? 这家医院具体在哪? 如何去? 如果你没有选择所在城区的医院,是因为什么? 等等问题。这组问题是想揭示是否存在因为设施分布的问题,或者是这种结构性的问题所导致的一种制约。

在问卷中,有一组关于就业方面的问题,问题以通勤为主,主要是堵不堵车,堵车时间长短,这部分问得比较详细,这是因为将来我们要把这个信息和基于物质设施分布的客观的空间可达性的,或者说是空间机会测度的指标匹配起来进行分析。所以,这就需要我们在问卷设计中尽量收集到非常详细的地址信息或者地点的信息。各位学者也都很清楚这个做起来确实很难。但我们还是设计了这些问题,它的完成要靠调查员坚韧不拔地执行。

除此之外,有一个很长的部分是问被调查者搬迁的原因。这样我们可以进行对比分析,究竟是我们的政策提高了他们的空间机会,还是加剧了这种空间障碍?剩下的内容就是一般的住房调查。

实际上,我们问了一组量表,这个量表是对于现在住房和上一个住房的评价,这个评价包括几个方面,如住房的条件、设施的便利程度、社区的邻里关系以及总的满意度。我们的问卷设计在很大程度上是参考了美国住房调查的一些问题的思路。

但是我在设计问卷的过程中,包括去调查以及和大家交流的过程中也发现,尽管我们想要建立一个纵向的数据库,但是还是有些无法了解,典型的就是这样的人在面临空间的机会或者各种障碍的时候,他是如何去选择的,以及我们认为可能是制约的那些制度性因素是怎样作用于个人的?这些问题仅靠问卷调查的数据恐怕是无法回答出来的。另外,还有抽样和调查的组织问题,而这很大程度上会影响到我们问卷数据的质量,它回答的有效率,将影响能否实现原来的研究设计计划。

在做低收入居民的抽样调查时,大家第一个问题就是谁是低收入者?第二个问题是他们在哪,你怎么找到他们?当然有很多人会认为低收入居民就是贫困人口或者是低保户。但是实际上国家的住房保障政策更多的是保障中低或者是中偏低收入以及低收入的人口。所以最后我就把这个范围扩大到所谓中低收入人口,但是我们还是不知道他们在哪?根据以前研究的一些结论,基本上是城市现在收入相对比较弱势的一些人,有体制内也有体制外。体制内更多的是原来单位下岗的职工;体制外的包括流动人口。根据研究的结果找到这一人群相对比较集中的社区来进行有目的的抽样。我们想尽可能在它的地点、建筑类型、年代、建设的背景、居民的类型上面保证它的代表性。

我们在北京的实践中选了两个区,海淀区和西城区,西城区也就是现在的大西城区的范围,因为西城和宣武合并成西城了,我没有在全市范围内撒开来进行抽样,只是在老的宣武区选择内城和城郊两个区域,有一个对比来降低工作的难度。像中科院地理所和北联大合作做的宜居城市的调查,对我来说组织的成本太高,所以我还是进行了有目的的抽样。它的好处就是通过社区联系进行入户调查,可以做得比较深入,这样我尽可能地做到在社区内抽样。就比如说我们最近联系的一个社区,说有15栋楼,每一栋抽样三户,做一个相对随机的抽样,社区的配合度比较高。

从调查的组织上来说主要是考虑应答率和问卷回答的有效率,我现在估计我们这个问卷可以达到90%以上的应答率,基本上能够保证有效。我们采用的调查方式是以访谈为主,这就需要对调查员进行培训,这是我接下来两天要做的工作,如果大家有什么经验可以跟我传授一下。

另外,我最近发现一个很好的经验也可以分享一下,我发现有非常专业的问卷录入公司,我的问卷是 16 页,几百个问题,3.8 元一份,所以 600 份问卷只要花 3000 元,3‰以下的出错率。在数据输好了以后,我如果要 SPSS,他就给我 SPSS,所有的标签全做好,上来可以直接做分析了。

我的报告就到这,我的问卷还在进行中,所以希望大家能够给我一些指导,谢谢!

主持人柴彦威:大家知道刘志林擅长于比较宏大理论的思考,以前我们领略过她的风采。今天讲了一个非常具体的问卷调查设计问题,并且共享了她正在进行当中保密的内容,这个我觉得很好。大家看看有没有什么问题?

孟斌:我比较感兴趣,因为我们也是刚刚做过类似的问卷调查,我有一个问题是你问卷中那些公交设施都需要被访者填写,这些问题增加了你的调查量,我的建议是你只要有一个明确的居住地的话,这些信息你是可以直接获取的,因为你最终是回到空间做分析,是吧。

刘志林:这个我也考虑过,这个问题我是加了又删,删了又加。我们是按照社区居委会,一般的社区居委会是 2000 户左右,比如说按照清华园这样的,他不同的地方最近的公交车站是不一样。我想还是有必要这样问一下,这个问起来简单。

孟斌:你最终的问卷中需要填写的位置信息全部都是让被调查者用文字来表达的,空间化的处理是回来再做吗?

刘志林:对,因为我们这个问卷本身是要花费 1 个小时的。

孟斌:我们以前做的时候是出了一张图,这样的话他可以在相对大的尺度里面,不会觉得隐私被侵犯,因为我们的图毕竟不细,他可以把他的居住地、就业地在图上表达出来,对此我们也做出了验证。同时我们希望根据他填写的就业情况,能有一个简单的验证去判断数据的质量,另外也能为后续做空间化减轻很多的工作量。我们假期做了 1000 多份的问卷,回来以后一部分的地址信息比如说有人填花园路街道,有人填花园路,有人填花园街道,我们是用图来做的,不是用手工去核对的。

刘志林:我自己用的是 2005 年做的问卷,我发现也有这样的问题。我们共享一下。

孟斌:我们最后分析的话大多数都是用点图的数据来分析,不是用 excel 表的形式,那个数据处理的工作量太大,每一个地址信息几乎都要做一个标准来处理,这样工作量太大。

主持人柴彦威:刘锴老师。

刘锴:感谢志林老师作的这个介绍,我觉得我本人作为一个中低收入者会比较有感受。其实在选择住房的时候,作为一个中低收入者我们能够选择可达性吗? 所以,我想可能应该考虑的是基本可达性,与属于享受级别的可达性区分开来。

刘志林:先回答这个问题,我们关于设施的选择,我们选择的基本上都是属于现在政府界定公共服务所要考虑的范围,包括公共交通、基本医疗和义务教育,当然包括幼儿园。所以,我们问的几组问题实际上就是日常生活中的问题,如生病去医院,在问卷中就是问如果生病你会去哪家医院？后来我们专门细化了这个问题，增加了一条你如果是患一般的病会不会去医院，这实际上是看他会不会去社区的医疗服务中心。

刘锴：2005 年北京的情况我想跟 2010 年大连的情况有点类似，就是城市快速发展，我们都被从中心赶到了郊区。在这样一个过程中，公共交通、医疗、服务设施都非常不健全，这时候去评价，因时间的断面性太明显了，很难有一个连续性的体现。另外您刚才提到公交，除了考虑最近的一个点外，我们还要考虑他能去几个方向。

刘志林：谢谢刘老师的问题，在我设计的问卷中是有问到最近两年居住变动的原因，这是翌朝参考美国住房调查给我的一个建议。我们讲最近的两年基本上可以假设为整个城市空间结构的变动，以及设施分布变化没有那么大。这样的话就使得我们能够看到因为住房的搬迁导致设施利用的便利程度和行为结构是什么样的。所以想追踪的是有原因搬迁的低收入人群，但是我们在问卷实施中因为有点贪心，所以就所有人都问一遍，最后我们再去做样本的筛选。

另外跟刚才刘老师的问题相关，我们现在讲的所谓的行为，有很多的空间变量的信息是直接可以进行一些客观的指标测度，然后引入我们的分析中，就是不同的行为，因为行为只能问它的结果。至于客观上，就是我今天讲的物质设施的分布，给了他什么样的机会，我们可以不通过调查，直接通过这种空间分析获得。

主持人柴彦威：确实，可达性的问题是城市研究和城市规划中的一个核心的科学问题。从传统的可达性，到最近大家讨论的一些时空可达性，或者是社会可达性等等。昨天在欢迎宴会上大家热烈地讨论可达性的问题，刘老师他现在在大连理工大学，所以我建议他搞一次专门的可达性的专题研讨会，我们到大连去专门讨论这个问题。今天很遗憾，关教授没有来，实际上她在关于个人可达性方面的研究上是非常领先的，当然还有很多人在可达性方面做了不少的研究。

在中国城市转型扩张和社会分化当中，怎样把可达性的研究提升，并且应用到中国的城市规划和社会政策的制订中，我觉得是一个非常重要的方面，有很多工作要做。下面有请素红。

周素红：谢谢，近水楼台，志林研究的课题我也很感兴趣，因为我最近刚好也在组织两个研究生做这方面的调查，一个是义务教育的，一个是医疗的。我就有一个体会，实际上我们在讨论这类设施的可达性问题的时候抛离不了背后的制度，比如说你刚才问到会去哪个医院，这个医院在哪个地方，有距离的原因，有他个人偏好的原因，但是背后还有一块，就是他享受公费医疗制度的原因，可能他就定点在那几个医院了，所以他必须在定点的那几个医院里面去选择其中之一。所以像这种个性化类型的问题还是需要在问卷里面体现出来。教育也是一样的，现在公费和私立的双轨制后面实际上也隐含着类似的问题，所以在后面的问卷设计中要多考虑这层因素。

主持人柴彦威: 张老师,不好意思,由你来问最后一个问题,然后我们进入综合的讨论。

张景秋: 我想这只是我个人的建议,第一,关于低收入者的界定。能否在你的问卷里设计一些问题,进行人群的筛选? 比如说参照美国最低收入者他住房有没有厨房? 是几个灶眼? 等等。第二,你选择社区的时候,实际上你在调查前已经主观地把它认定为低收入社区,但实际上这个社区包括搬迁走的和搬迁来的,并没有考虑原来是怎样的人群结构,这样是否带有一定的主观选择在里面?

刘志林: 谢谢两位老师的建议,周老师的建议是原因性问题,就是问你选择这个医院而没有选择就近医院的原因。这里面有设施分布的原因,也有自己的习惯,或者是政策性的原因,我们在这里会问。问卷也不能太长,因此我们只能问这几个问题。

对张老师的问题,我再给大家介绍一下我们所做的这部分的内容。有关住房设施的完备性我们是问的,其中有没有厨房我们全都问了,按照住房调查的形式问得比较细,我们以此来判断他的住房条件。我想张老师的问题集中在抽样性上。其实这是一个折中的办法,因为我们找不到任何抽样框来做所谓低收入人群随机抽样,所以才有针对性地选择相关的社区,因为我们本身很多的问题跟社区的选择是有关系的,我们在这里面做随机抽样有可能会选到不是低收入者。

我先讲一下我是怎么界定的,我们基本上按照北京保障性住房政策,问的收入是一个连续变量,就是一个值,不是等级,最后的连续变量按照保障性住房政策现在的划分以及国家低保的划分可以给它分类,但是有可能中等收入和中高收入的以及低收入或者是极低收入的都会问到。比如说平均收入80％以下的我界定为低收入,这也是参考美国住房调查后做的一个界定。这样的话中等收入、中高收入就作为我的控制组,即 control group。同样住在这个社区,低收入和相对中等收入的组可以进行对比,就是说我们面对同样的空间机会他是不是低收入者,低收入者他应对的能力更差,所以最后是想在这个社区做一个随机抽样,我可以抽住一部分的 control group。

4　自由发言

柴彦威等

主持人柴彦威: 这样,尽管时间有很大的压缩,我们最后还是搞一个综合的讨论。我想刚才6位涉及的内容、深度,让大家感兴趣的问题比较多。我先简单地说说,后面的同行请准备发言,特别是没发言的同志,大家一定要发言。因为我们当时说,今天早上的讨论我们有一个主旨,刚才志林也解释了,在做行为相关研究的时候我们碰到了什么样的方法问题,我们有什么样的经验可以交流,我们各自反思的问题是什么,面向未来我们怎么办? 所以我觉得包括刚才发言的以及没发言的老师,比如甄峰老师、王茂军老师、刘云刚老师,大家都有很多的想法。我希望大家能够压缩一下,把你精华的想法都提出来。

刚才讲到行为研究的微观方法,即面向人的研究,在中国城市转型中,行为研究和行为规划的春天来了。这么说我们是基于这样一些考虑的:首先,从科学研究上来讲,行为研究的创新空间很大,每次我们都能看到会场是以青年人为主的,并且是多学科,今天就可以看到多学科的态势,当然这次我们城市规划、交通规划的人稍微少一点,但是也有。就是说如果你做一个经济地理的或者经济空间的分析,现在要创新确实是比较难的,但是它的应用项目却是比较多,行为研究可能是一个薄弱的领域,但创新的空间比较大。

其次,从现实应用来讲,中国改革开放 30 年来,我们的经济取得了巨大的发展。面对未来 30 年的发展,我们很多同行达成了一个共识,就是我们未来的 30 年,是以人为本的 30 年,所以行为研究在城市规划、社会发展政策制订中越来越有用。

中国城市规划越来越面向人的城市规划,大家看到发改委最近做的规划报告,是面向人的发展的中国城市化战略研究,还搞过一个发布会。最近有好多规划学者大声高呼,我们正面临着一个科学研究上的创新空间及巨大的中国城市社会转型的应用市场。上次我在中国地理学会的一个人文地理研讨会上讲到行为地理学的研究进展,我一再强调,做行为研究的人也要做规划,一定要开拓规划和应用的市场。所以在这点上,王德老师就讲得非常精彩,包括马修军老师,其实咱们在座的有很多人都跨学科,但都在做行为研究,我们会有不同的视角,面向城市的规划管理,我们要开拓这样的市场。

下面我就把时间交给大家,希望大家发表一些自己的看法。因为我们也通知了大家,我们上午的讨论可能让志林、张老师组编《地理学评论》,他们可能是第五期,我是第六、第七期,所以希望大家能够发言,把你的声音留下来,把你的思想留下来。我再废话一句,《地理学评论》第一期我已经看过 7、8 遍了,因为它第一是可读性强,第二是有情景性,我看的时候就想到谁的面孔、谁的思想,就会想到文字以外更多的东西在里面,总之我希望大家能够发言。好,王德老师。

王德:后来不是说把这个会议通知给石楠,给《国际城市规划》编辑部吗?

主持人柴彦威:我没去请,今天我们请了《城市发展研究》的杨春志。

王德:这是个失误,我想这个通知应该交到与规划相关的一些杂志编辑部,一方面是宣传,一方面你的目标可通过这个渠道慢慢渗透进去。其实规划领域非常需要做研究,但是规划领域做研究的氛围不像地理这么浓郁。我们应该感染一下他们,让他们知道这么多人在做这么多的调查,且都是可以制成规划的一些研究成果。另外,他们只是看到一些成果,但他们看不到，也不知道，也想像不到，我们前期做的那么多的努力工作，应该让他们知道一下。

这里我也想说一下成果，我们如果太注重后面的一些应用成果，忽视前面东西的话会缺少一些支撑，所以要注意合理地分配精力。

另外，我觉得今天素红反思自己做的问卷调查这个工作做得很好，我们真的应该反思一下，其实我们做了很多的问卷调查，但里面很多的信息没有挖掘出来，就这么沉默了，时间长了也就忘记了。最近我们办公室到年终要打扫的时候，把以前很多问卷又给整理出来了，到底是扔还是处理，现在也不知道怎么选择，留的话，又想不到用什么方法去处理。当初处理的时候也是稀里哗啦，没好好地设计，调查就调查完了，所以，我赞同将如何挖掘出更多信息的方法与大家共享。

周素红：我的数据可以跟大家分享。

王德：我们那也有很多数据，放在那也没有处理，很浪费的，不如共享出来。刚才志林老师也提到了，现在有专门输入的公司。今后是不是可以走专业化的道路，把大量的精力放到前期的设计、预调查，及后期的整理、处理、解读、分析、讨论方面，就像冬根教授做的调查那样，提高效率。

周素红：王老师，就是我前面这两份问卷实际上第一份当时是闫老师主导的，是她的基金项目，我当时是博士生，后面就是我的国家基金项目，但是这两份都是外包的，是找外面的公司帮我们做。在做的过程当中我要做的事情就是派研究生帮我对质量进行管理。

怎么进行质量管理呢？我的方法就是要求被调查者必须要填电话号码，原来我们以为拒访率很高，但实际上并不会。很多人都填写了电话号码给我，我们在抽检过程中，就会用到；会打电话去问，诸如有没有问到类似的问题，或者是答这份卷子你用了多长时间。

另外，我在问卷中也设计了一些带有逻辑性的问题，抽检时可以用这些有一定逻辑性的问题来判定他是不是随便乱勾的，以此来检测这个问卷的质量。我觉得这种效果挺好的，节约大量的时间和人力，也能够比较好地保证质量，因为我分包的时候规定他们做 800 户，800 户必须都是 100% 有效的，坏的、无效的那些我会退回去让他们重新做。

王德：检查的时间比入户的时间还长。

周素红：是，花到检查上的时间是比较多的，但是因为有这种质量管理，他们后面做的时候会比较认真一点。

刘志林：对联系调查公司我也有一些经验可以分享一下，调查公司的一个主要问题是成本如何计算？调查问卷发放过程中一定存在拒访率，而调查公司的收费，凡是拒访的都要算钱的，所以如果问了 100 户，只有 10 户回答了我的问卷，在核算成本时就不仅是 10 户的成本，而是 100 户的成本。考虑到现在拒访率越来越高，这个成本问题大家在选择调查公司时要考虑一下。另外还有一个问题是调查公司会不会保证抽样。很多学者前期在抽样时，如果要求比较高的话可能要自己把关，像我都是花很大的工夫联系社区怎么保证抽样，因为调查公司去做可能就很随便了。

刘云刚：我主要是过来学习的，很多东西我都不太懂。但是关于调查，我想补充一下，因为我在日本读书的时候，就听老师说社会学可以用外包让调查公司做，但是地理学家不用，为什么不用呢？第一，社会学是基于社会的调查，但如果是基于个体的或者是更关注个人信息属性的调查，调查公司做数据的质量会下降；第二，如果让外包公司做的话，在数据调查过程中出现的问题，在社会学层面，关注的是群体的统计结果，如果是属性信息涉及数据挖掘的情况，社会学更多采用的是访谈或者是小样本调查方法，如果把社会学的调查作为我们调查的基础，就不会发生正面冲突。

下面我想说说我对今天上午报告的学习体会。如果把社会、空间和行为这三个主题词连起来，可以把今天上午大家的研究分成两类：一类是基于群体的社会和空间的研究；一类是基于个体的行为和空间研究。如果把这两类混在一起就非常不好弄了。我发现，包括刚刚志林讲她的基金项目，其实是把这两个混在一起来做了，我认为混在一起做是做不出结果的，预测是失败的。所以，在做这类研究时，或者基于个体，或者基于群体，或者站在社会学的角度，首先把阶层、社会类型分出来，或者是基于个体行为来探讨个体，这里必须要分开，一个人的精力，包括一个学科的精力不可能这么大，不可能既探讨个体的，又探讨社会类型的。与此相延伸，在调查方面，我主张用一些小样本的调查。因为，关于人群的研究，必须是以国家人口统计作为背景，也就是说我们做的问卷调查数量是超不过国家人口普查数据的，也不可能超越国家统计数据。我们的问卷需要国家的统计制度做支撑，当然，如果我去做一些探索性的问卷，可以不考虑这个支撑。数据最后还原的时候，或者要上升到更高层次的时候，包括探讨一些普适性原理的时候，都要用到国家背景的大数据，没有大数据，小数据的样本也仅仅是探索性的，所以那些更宏大的构想我觉得有一些冒进。

我非常同意王德老师的建议，我们首先是做调查，调查的过程中等待国家统计制度的完善，而不是在一个小样本的调查基础上推出一个大理论，我觉得基础调查以及在这个基础上的数据库建设都是非常必要的。但是再往后延伸，比如说大的理论，规划上的应用可能还是下一层次的问题。所以，我们首先要把调查做好，要做扎实，因为我现在教社会调查研究方法，自己也受过这方面的训练，看到一些问卷，包括刚刚提到的素红的问卷、志林的问卷，都还是有不少问题的。我们看前期的很多研究，其实在调查方面以及数据的质量方面是经不起推敲的，也就是说包括我们的统计数据和统计调查，反映出来的问题不是出在分析过程，而是出在最原始的数据获取。无论从社会角度，还是个体空间行为角度，最紧迫的，我认为是要建立一套丰富的、高质量的数据，以及在此基础上谨慎地、一点点地往前积累、推进，我想这么好的一个研究群体，我能够参加进来，非常荣幸，也非常期待。

　　具体到上午的报告，比如说王冬根老师讲的日常出行和幸福感的问题，我的疑惑是您可能没有讲到更大的背景，幸福感是基于每天，还是基于分时段？还是就是一天8点钟和9点钟的，这里涉及幸福感的时间尺度，它的跨度是多大？如何把个人行为和幸福感作为社会群体感受，大的研究构想是怎么形成的？一直没有听清楚，这是一个非常有诱惑力的研究题目，目前处理得有些宏大。王德老师的研究，有个人和社会的结合，比如说在南京路的调查，假设那是一个封闭的环境，人进去后出不来，就在那里一直逛，可实际上，城市是开放的，可能坐飞机到上海南京路，逛一个点就跑到别的地方了。而世博会是一个极端的例子，它是封闭的，如何处理个人空间、行为数据和个人偏好？我觉得变量非常多，这方面不展开了，我想还有很多基础调查工作和概念设计工作需要挖掘。所以，我非常赞赏马修军老师做的数据库，如果将来做好的话，是一个很好的工作。

　　主持人柴彦威：感谢刘老师，大家知道刘老师是非常有批判性的，他最近对中国城市地理学，包括中国地理学的范式思考和批判，是非常有思想性的，他刚才讲的非常好。我刚才看到杨翌朝老师已经举半天手。

　　杨翌朝：我简短一点，刚才讲的也是太长，主要是因为我在美国做了一些研究，用到了美国的一些数据，现在回国看到同行们的调查工作，我讲几点感想，尽量不给人一种"站着说话不腰痛"的感觉。

　　对于学者们做的数据收集工作，总体来看想法都很好，不仅从理论上进行了探索，而且还想要发现它的实际应用，但是这些数据，在很多情况下，很难达到所需要的准确率和覆盖率，在这种情况下，我认为应该从政府层面进行建设，如果政府想要获取足够的信息，对公共政策的制定进行指导和监督，那政府应该尽力去建立信息获取制度。像美国人口普查，在十年一次的普查期间，其雇佣的员工人数仅次于美国军队的人数，可见它的投资是非常大的，而且国家认为这种投资是有必要的、有价值的。所以，如果学者们可以联合起来争取政府在这方面的投资，至少有一个好处就是保证它的权威性和保护性，并可以极大提高参与者的意愿和获得数据的准确性，也可以保证将来数据共同分享的时候不出现数据重复收集，浪费资源，而且数据本身也能经得起推敲，这是我的一点感想。

　　主持人柴彦威：谢谢！人文地理学的研究数据，从个人研究的小样本调查，如何走向一个制度化、规范化？或者由政府、第三方来搜集数据，但这个过程应该是漫长的，需要大家共同努力，推动数据制度化、规范化。下面有请刘错老师发言。

　　刘错：我比较关注的是交通行为，这次会议交通方面来的人比较少，我想给大家提供一些思路。我们以前关注交通行为，可能更多关注的是住宅、商业设施、工作地，包括人的活动链这样一种角度，实际上，现在的交通已经发生了彻底变革，如果研究交通依然立足住宅、商业、工作等方面的社会属性，一是会造成数据噪声，二是会引起非常大的偏差。因此，只调查这些数据，对于交通出行行为研究是根本不适用的。

我大概用2分钟的时间，阐述交通工具变化对人的交通行为的巨大影响。以前，我们可能只有两三种出行工具，步行、自行车、公共汽车，现在我们的选择就多了，小汽车、地铁和轻轨的速度也不一样，它们的服务范围、可达半径都不一样。目前，又出现了新的个人移动助手，下午我会在我的报告中展开。这些新兴的交通工具对人的交通行为影响是非常巨大的。

另外，就是多方式交通出行，这个以前是很少出现的，但现在，尤其在大城市，多方式出行是一个趋势，就是人们的可选项增多了。因为多方式出行，各种方式的市场竞争，带来不同的投资。除此之外还有什么呢？我想还应包括交通信息的供给，今天马修军老师在报告中提到的，这在智能交通领域是非常热门的一个话题；交通控管方式的变化，目前我们在智能交通实施动态监控，比如说闯红灯，可以立刻拍照，罚款单通过短信发给司机，这种方式出现后对人的交通行为都会产生影响；智能交通收费，在名古屋，对穿越城市的车辆进行收费，但对于那些不穿越城市，来市区办事的车辆虽然也收费，但会以某种方式返还。其实，各种各样、比较灵活的交通政策对人们的交通行为都将产生很大的影响。

从数据角度来看，我认为传统的入户调查、访问，其数据偏差太大。从交通行为的角度，我们应该更关注的是GPS汽车、浮动车数据，还有IC卡数据以及视频检测数据、消费数据等等，这些数据融合在交通领域才是最关键的。当然，我们已经做了一些工作，包括昨天柴老师抛给我们的一个问题：交通问题到底是什么问题？冬根教授说归根到底还是政策问题。

我还想再补充一点，对于中国现实来讲，它的社会问题、经济问题、政治问题等各种问题，归根到底还是发展的问题。无论政府、开发商、还是个人，没有给他开发空间就不行，就是这样一个很明确的利益权衡阶段。

最后，我想总结一句话，我非常赞同我的导师王德老师提出要把90％的精力放在理论研究，我认为从地理学的角度去发展这样一个团体，应该去改变最传统的中心地理论，我认为中心地理论在这样一个交通时代已经完全不适用了。我的结论是中心地理论变革时代来临了，谢谢大家。

主持人柴彦威：实际上行为研究在交通领域的研究是非常广泛的，其实最早我们跟中国城市交通规划的同行也有一些交流，这次我们的研究有一点疏忽，没有请刘老师参加，如果刘老师加入，这块研究力量应该可以加强。下面我们请山东大学的黄潇婷博士发言。

黄潇婷：首先非常感谢今天有机会能来参加这个会议，我提的问题其实也是我自己的困惑，我来参加这个会想要听到一些解决的方案。但是我上午听完以后仍然很困惑，所以我想在这个时段把我的问题提出来。

我参与到空间行为的研究背景，是我在读博士期间接触到柴老师做时间地理学的研究，我本身是学旅游规划,我觉得旅游者的行为很难去研究和捕捉,从时空间的角度研究好像比较容易量化,然后去研究。所以,我当时接触到这个方法的时候非常兴奋,我的博士论文也是做的这样一个命题。但是现在我走到了一个困惑的阶段。上次柴老师也提醒我,因为我也在和马老师合作做颐和园的 GPS 调查。虽然刚才讨论了很多,像问卷调查涉及的各种问题。但是我们现在对于行为的精细度了解确实比以前有了很大的提高,问题是下一个阶段,要了解他们的行为表现,以及通过建模解释为什么是这样的,甚至能够在一定程度上实现预测,以及落实在规划应用方面依然是非常困难。

因此,想问问各位在座的权威老师、专家、规划者或者规划师的立场问题,这也是我上午听完后的一个困惑。像有的老师讲到的中低收入群体,人的幸福感问题,但毕竟现实的空间资源是有限的,不能按照每一个人理想的行为偏好提供相应的供给,实际上最后还是一个资源分配和优化的问题,作为一个规划者,在了解了人的行为之后,规划应用的路径怎么走?这就是我的问题。

主持人柴彦威:由于时间关系上午的讨论先告一段落,下午讨论增加半个小时,鼓励刚才没发言的同行都讲一讲自己的研究体会。

主持人柴彦威:下面请首都师大的王茂军老师发言,他也是行为研究的开拓者之一,特别是在认知地图和认知空间相关的领域。

王茂军:我们在 2007 年做过一次问卷调查,有一些感受和体会。我们的问卷调查涉及的内容与很多老师涉及的问卷内容相似,像居住、就业等等内容。由此产生一个不成熟的想法:既然我们这么多老师在不同的城市都在识别这个问题,那我们是否可以基于现有的问卷调查数据挖掘进行城市之间的比较研究?另外一个问题,今天上午看到很多老师的调查问卷量差异很大,有的老师做几百份,有的老师做几千份,还有做上万份的问卷。我们在 2007 年做问卷的时候就面临一个问题,就是做一次问卷调查,多少样本是合适的?说白了,样本的规模大小跟整个问卷成本是密切挂钩的。那么,有没有一种比较合适的方式能帮助我们确定做多少问卷是合适的?比如说哪种问卷是不需要做上千、上万份,只用 100 份就能解决问题?如果做了上万份,第一信息是冗余的,第二成本太高。所以,我们可以来想一想有没有这种可能性?当时我们也面临这个问题,我们做了将近 3000 份的一个问卷。做的时候很头疼,问卷收回来后也很头疼,这是第二个感受。第三个感受就是我们非常佩服周老师,今天上午开诚布公地给我们展示她在问卷调查与数据分析过程中,许多没有继续下去的问题,有些问题也是我们面临的问题,特别是在后期应用数据分析研究时,隐含了几方面的事情:第一,我们当时的想法不够明确;第二,太贪心,做问卷的时候什么都想要,本来就是一个小目标,但是我们做了一个很宏大的问卷,一开始设想很好,但是问卷回收处理的时候,由于人力、物力、财力等各方面的限制,或者是由于我们的研究兴趣发生了转移,使得我们问卷中的很多好的东西被淹没掉了。由此生发出来的一个问题,周老师也提到这个问题,就是数据共享问题,如果我的研究兴趣转移了,不讨论这个问题了,但有其他老师感兴趣,我们能不能建立一个数据共享机制?并能有效推进。

上午刘云刚老师谈到的空间、社会、个人之间的关系问题。我们团队现在正在讨论职业女性在转型期的就业行为响应。在研究过程中我们慢慢体会到,现在许多研究把空间当成了一个非常重要的变量。但是在处理空间、社会和个人关系的时候,有时候会认为空间可能是一个形成结果,而不是一个原因。如何处理好社会、个人和空间之间的关系?我想这也是需要讨论的一个问题,针对不同的问题,空间的重要性是不是等同的?今天上午刘志林博士谈到的居住迁移问题,这里空间是非常重要的。但是,对于居住空间的选择,实际上是一个家庭的选择决策行为,并不是个人能够选择的。那么,在就业者方面,目前城市就业市场规划提高了,就业选择机会也扩大了,因此,我觉得就业地点(空间)可能是一种行为决策的结果,而不是行为的原因。我们现在讨论空间的具体长短,延长了还是缩短了,往往就把距离(工作地点),先期定义为一个重要变量。个人、空间、社会可能并不是相互独立的,这是一个非常重要的问题:我们在问卷处理过程中,经常会遇到小样本数据问题,我们做了很多问卷,我们剔除掉不合格的样本以后,问卷量非常少了,我们在做定量分析时,是不是就可以抛弃掉那些不合格样本了?我为什么要说这个事,源于马老师跟柴老师的一个合作。关于小样本数据的分析问题,以前跟一个数学系的老师讨论时,他说把这个数据扔掉了真是太可惜了,其实数学里面有非常成熟的分析小样本数据的方法。这是我想到的与我们研究有关系的第四个问题。

我们现在谈到居住空间和职住关系问题,关于职住关系,多数情况下我们测定的是点与点之间的关系,延伸过来,一定有许多老师关注你的居住史、迁居史、就业史,还有这些购物行为等,实质上我们处理的不是点与点之间的关系,是点与面之间的关系。所以,如何把以前处理点与点之间的关系,转化为处理点、面之间的关系?我们现在没有找到好的解决办法,但我认为处理点、面之间的关系,要比处理点、点之间的关系更能反映社会、制度等方面对个人行为的影响。

主持人柴彦威:王老师提出的这些问题非常好。实际上,我们都会面临样本大小的问题。严格来讲,如果说是定量的模型分析,100人以下的样本数量就有点问题,100人以上应该说问题不会很大。如果是定性研究,我认为不需要对样本量做严格要求,一个人也是完全可以的。刚才刘云刚老师也讲到了,我认为样本量跟你的研究目的和要揭示的内容相关,这个问题我和一些社会学老师讨论过。另外,刚才王老师说到问卷设计,确实是这样,大概在七八年前,以及四五年前,王老师对我们的两次问卷调查都给以强烈的批判,我们改过13个版本,大概有六七次,我们请王老师过来一起参与讨论。所以,有的时候太贪功可能会造成目标任务不清晰的问题。王老师发言非常好，下面我们有请朱玮博士来发言。

朱玮：其实我们的问题差不多，可以接着刚刚王茂军老师的问题，因为他谈到数据比较问题。既然今年各位老师都把自己的问卷拿出来反思，我想这些问题在多大程度上是有相似性的？有些问题可能问法不一样，答案也就不同。如果是这样的话，我们获取的数据如何进行比较？比较出来的东西是否有效？是不是我们可以总结出一个模板？在总结了包括周老师在内的各位研究者反思基础上的经典模板。比如说，我就要调查这个满意度，刘云刚老师定的是 5 颗星的满意度，杨老师定的是 10 颗星的满意度，这种比较就会难以达成。我们是不是可以有一个统一问题标准？大家把自己的经验总结出来，看看哪些问题的提法比较好，问题的设定方法比较好。是不是也可以在某个期刊上专门做一个方法讨论特刊？把大家针对这些问题的经验拿出来，讨论一下，总结一下，找到一些比较好的方式，以保证调查工作的有序推进。

主持人柴彦威：我们请西安外国语大学的李九全老师发言，他也是《人文地理》编辑部的主任。大家都知道，他跟王兴中老师长期关注的城市生活空间研究在国内具有领先性。

李九全：非常感谢柴彦威教授给我提供这个机会，让我接受空间与行为这样一个洗礼。我作为研究会的一个旁观者，先后参加了两次会议，我越来越感觉到空间与行为研究力量的强大。但在不断强大的同时，我感觉还不够开放，因为空间与行为研究是非常复杂的，这种复杂是基于人的复杂，不同学科对人的研究最基础的层面在心理学、社会学和文化视觉上，这个研究如果能够更开放，吸收心理学的学者，社会学的学者，文化学的学者，乃至规划方面的学者，来共同探讨基于人的空间与行为的规律会更有意义。因为我们知道人的需求在不同时段是变化的，尤其在中国经历了不同于西方的工业化加城市化、现代性加后现代性这样一个多时段重叠的时代，它的空间与行为一定比国外要复杂。因为，在国外不同时代出现的空间与行为问题，今天可能在中国将同时出现。所以，经济发展从生产性的空间到消费性的空间，到文化性的空间，不同空间对应的行为会产生各种各样的规律。我们到底从什么样的视角去研究？我们想还是需要一个话题和角度，这也是我参加几次会议的一个感慨和感受。

另外，今天都在谈我们的城市，从宜居城市到低碳城市，再到智慧城市，那么城市到底是一个什么样的城市？如果按照经济发展阶段来讲，当前应该处于追求生活质量的阶段。什么样的生活质量是人们所追求的呢？我想这取决于你在这个城市里的生活，或者说你在这个城市生活时是不是所有的欲求都能得到满足？如果你所有的欲望都得到满足了，对你来说就是一个满意度比较高的城市。城市和乡村比较的是什么呢？差异是什么？有的人认为自己所有的希望，所有的要求在城市都可以得到，所以人们才更愿意生活在城市，而不愿意生活在乡村。当然，也有人说我更愿意生活在乡村，因为乡村给予我不同于城市的感受和生活。所以，我们的研究，随着国家进入到一个更加关注人文性的时代来讲，我们整个地理科学或者人文地理学科有了一个更大的发展空间,我们研究会的未来是更加光明和光彩的。谢谢。

主持人柴彦威:下面我们请南京大学城市规划系甄峰教授发言。

甄峰:感谢会议组织者给我提供这样一个学习的机会。这是我第二次参加这个会议,收获非常多。我做的是宏观研究,第一个自然基金也是做宏观的,第二个自然基金就是受到上次在同济大学召开的空间行为会议的启发,向微观领域学习,提升自己,更多去做一些实证研究。刚才柴教授也讲到了,行为空间的研究进入了一个春天,我也深刻感受到这一点。近些年,我也关注宜居城市的相关研究,在这个领域实际上就是人的行为,以人为本,人的欲望和需求满足的问题。行为角度对地理学传统研究方法来讲,是一次革新,但是有一点,我觉得需要探讨。第一,行为地理学研究的服务对象,是企业、政府,还是仅仅是做学术研究。王德老师也是从规划界出来的,可能做行为研究,更多是面向规划,解决一些问题。我们地理学的行为研究,更多是基础研究,是希望能够为政府在各方面的决策提供依据。因此,我们研究理论的设计、数据,包括问卷设计等,可以考虑能够满足政府的需求。近些年,我们也做了多种多样的规划,作为地理学出身的学者做规划有一个特点,我们可能喜欢从更多的科学性角度去考虑,但是政府的需求跟我们是不一样的,我们往往满足于自己做的这个研究是多么科学,多么严谨,但实际上政府并不需要这些东西。

既然我们在这次会议上谈到这个问题,刚才柴教授讲到,我们的研究就是面向城市规划管理,基于此,我们从研究的范式、思路到具体技术可能都需要考虑:如何与政府、企业的需求进行匹配?以及如何实施不同行为者的调查研究。我在第二个基金项目中,也在做包括不同层面的规划师在内的行为研究,如现在出现的社区规划师,以及不同层面的政府决策的共同研究。这里顺便提一下,有家出版社希望我能写一本《城市规划行为学》,对于我来讲这个事情太困难,如果柴教授这边有团队,可以考虑一下。我刚写完《城市规划经济学》,花了两年的时间。

第二,刚才王茂军教授谈到了城市间的信息共享问题,这也是我一直想做的方面,非常高兴看到周老师的研究实际上跟我的研究非常吻合,我也非常想跟你们学习一些方法,能够共同去解决一些问题,将来还可以做对比研究。是不是可以考虑,建立一个城市地理或者城市行为地理研究的网络,开始可以简单点,建一个 QQ 群,或者借助我们的智能平台,先把我们自己的行为地理研究者智能平台建起来,这样的话,为我们的研究节省成本,主要是时间成本。

第三,我觉得这个会议办得非常好,2011 年的年会已经有人办了,我希望 2012 年能够在南京大学办。刚才柴教授提到了我们院系调整,我们以前做人文地理这一块的团队,主要是城市地理、经济地理,整体调整到建筑与城市规划系那边。以前是屁股坐在地理这边看规划,现在是屁股坐在规划这边研究地理。不管怎么样,空间、人都是我们研究的对象。南京大学在城市地理方面的研究,还会一直延续下去。实际上我们在城市地理研究方面,还是有持续的成果产出,当然,我也想大家能够更多协作,一起做一些事情。空间行为研究会的平台,就是一个很好的、非常务实,并且具有前沿性、学术性和科学性的平台。

主持人柴彦威:大家知道甄峰老师也是咱们国内做赛博(Cyber)地理学的开拓者,最近也做了这方面的研究。下面我们请《地理研究》编辑部主任高老师给我们说几句。

高松凡:感谢柴教授的邀请。这个会我参加了两次:一次在同济大学,一次就是今天的会。还是学习了不少东西。对行为地理学的了解,是在 20 世纪 90 年代初,陈传康老师就谈到感应与行为地理。从会议摘要来看,有不少文章,涵盖的研究领域包括城市规划、住宅、房地产等等,也与我们国家的经济建设紧密结合。《地理研究》愿意给广大的老师、同学们提供发表好文章的平台。

还有一个方法问题,就是对中心地理论的探讨,现在有人提出,由于中心地理论实效性的问题,现在就不用了。但涉及人文、经济地理的事物范围,只要有等级存在,就有范围,必然成为一个中心地的格局。为什么中心地理论就没有用了? 现在各种干扰因素多了,复杂了,但按照研究法则,要利用前提假设排除干扰因素,这个因素是现实存在的它就有,如果这个因素是现实不存在的,那没有就是没有。从这方面考虑,也许我们倒回去看,才可以推演,推演到最理想的存在。如果推演到最接近理想现实还不存在,那就没得说了。

主持人柴彦威:大家知道国内中心地理论研究,陈传康老师跟杨吾扬老师应该是最早的一批学者,高老师说到的文章是 1989 年发表出来的。我有一次参加美国基金会的一个项目,潘海娇老师承担一个交通方面的专集,因为我也是专家组的。有一次潘老师也讲到类似刘锴老师讲到的观点,要对中心地理论在现代城市的应用进行反思,他的观点就是说中心地理论不适用了。当时我也像高老师一样觉得有待商榷。在新的条件下,比如说网络环境下产生的虚拟行为,如何用中心地理论去解释? 这可能是一个非常大的问题,需要我们更加深入地研究。下面我们请《城市发展研究》编辑部的杨春志主任发言,他也是北大城市地理的硕士,长期从事城市研究,对城市地理和城市规划管理都是非常熟悉的。

杨春志:很高兴来参加空间行为的研讨会,学到很多东西。今天上午听完几个报告后的第一感受就是在国内做研究不容易。第二个感受就是高老师说到的问题,我有一个想法,不一定对。杨博士研究得出的很多结论和咱们平时的印象很不一样,我就想是不是这里面有一个问题咱们没有考虑到? 也许是一个深层次的原因,就是文化和制度的差异。关于应用,我有一个想法,我们的研究成果应用到规划领域可能有几种不同层次,我们会根据不同层次要求去控制或者去引导、去适应。其实,对于规划师来说,有时候会有很多烦恼,为什么我们这么好的规划领导就是不听呢? 我想这里面可能有一个观念问题,就是你想要控制他,而不是去适应他,最起码你不是去引导他。如果你想去引导他的话,领导是能听进去的。但如果规划师认为自己是正义和真理的化身,要去控制谁就比较难了。实际上,对于规划来讲,可能没有一个最好的规划,只有一个最最合理的规划。

主持人柴彦威: 谢谢,我觉得杨老师给我一个启示,就是制度和文化层面的因素在行为研究中目前还强调得不够。所以,在行为研究应用于规划实践时,还要加强这方面的研究。下面再请杨翌朝博士发言。

杨翌朝: 刚才杨春志老师提到我上午讲的那个内容,我就想根据我做的一些研究,分享一下我对研究和实用关系进行探索的体会。一般来看,在规划层面做研究,就像戴着两顶帽子,一顶是研究人员的帽子,你要做严谨的科学研究,要尊重数据,尊重你分析出来的结果,并如实汇报你的结果。但是今天上午每一个发言者都提到了我们作为规划师,要为社会公众服务,我们也有自己的立场,也有自己所谓的理想。当你带着规划师这顶帽子的时候,再来思考同样的问题,也许会发现你原来分析的结果,并不是仅仅停留在汇报层面,而是要进一步思考:如何利用这个信息或者结论去指导行为? 实际上,我在写这篇文章的那段时间里,我是花了时间去思考分析结果与规划行为之间的关联,构思了很多想法,最后把它演变为规划师可借鉴的经验。从研究的成果到行为的指导,是一个很长的探索过程,需要了解整个行为,就像杨老师刚才讲,首先要对中国城市规划师的行为有所了解,才能把你自己的学术研究转化为规划师可以利用的信息和成果。

另一方面,从研究者的角度来说,在设置命题或者立题的过程中,你预先就要思考你的研究结果是否要对实际应用有启发? 当时我为了申请美国城市发展部的研究基金,阅读了它以前的研究报告,发现一个共性特征即申请者在选择研究变量的过程中,都会选择一个必定受公共政策左右的变量,像我上午讲到的密度和土地利用,这就是规划可以直接左右的变量,把这个变量作为你的主要研究对象,再把你的行为或者你的感受,与社会现象相匹配,再把它和政策结合在一起,这是需要研究人员仔细去思索的过程,是一个与政策相关的研究过程。所以,从纯粹的学术研究转向做与政策相关的应用研究是一个探索的过程。

主持人柴彦威: 非常好。下面请高晓路老师做总结发言。

高晓路: 谈不上总结。今天上午也是一直在和大家聊,参加了几次会,很想知道到底在空间行为规划方面,我们的进展在哪? 从一开始的眼前一亮,到参加四次、五次之后,我们能不能依然给人一些特别闪光的东西? 这是特别重要的事情。刚才有老师提到90%的精力要放在理论研究上,我自己特别赞同这一点。比如说我前两天看了一个文章,提到城市规模与位序关系的研究有很多假说,但到目前都还是处于一个假说的阶段,在这篇文章里,作者提到一个叫西蒙的学者对城市规模与位序关系的解释。西蒙通过一系列分析,提出位序-规律指数接近1,应该是一个基本的规律,但是他又特别研究了公式中 $1-\alpha$ 里的 α,研究这个变量所代表的含义是什么？他认为α代表一个企业在城市外围选择它的利益的概率，微小的零点零几的α概率。他认为，一般来说，企业都会选择布局在发展条件好的城市中心。但是有些企业会选择一些像种子一样的公司布局在城市外围。读到这里我就特别有感触，这种理论的探索，一旦突破，就完全上升到另外一个层面了。我们地理学的研究做了很多东西，有的研究不知道为什么做？就像位序-规模理论，难道我们解释的目的就是为了验证是不是符合1这样一个假说吗？我想绝对不是这样的。理论探索是我们未来大量研究的重要基础，我们的空间行为与规划，要做得深，做得好，做得有显示度，理论方面的探讨是特别重要的。

　　另外，规划应用是空间行为研究的一个特别重要的方向。特别欣赏王德老师他们团队为世博会做的应用研究，我觉得世博会就是一个很好的集大成的应用。所以，从应用研究来看，不管你的分析如何组织，最终能把规划问题完美解决，那这个应用研究就做得特别好。当然，规划问题的本身是没有止境的，能完美解决实际问题，这就是创新。

　　我还有一个提议，刚才听到很多老师讲到问卷调查，现在跟前两年不太一样，前两年大家苦于没有数据，到处在问谁的数据能共享，这两年我们自己手里陆续都积累了一些东西，而且社会上的数据也越来越多了，我们要做好应对大量数据突然出现后如何处理的问题，这个数据处理能力的提升特别重要。像刚才孟斌提到信息冗余度问题，是否能借鉴信息技术学科方法，研究到底抽样数量是多少就合适？不是说非得是上万份或者几千份，也许1000份，或者是500份就够了，我们以后就在这个基本范围内抽样，我想这个也是我们研究会应该做的。以前也许在其他领域有这样一个抽样样本数的标准界定，但是没有像我们这样基于行为的调查，也没有涉及空间问题的背景。所以，如果我们提出适合空间行为与规划的抽样标准，其实是一个很好的方向。既然已经有这么多学者在从事这块研究，而且我们的队伍越来越大，将来我们想调查，也不一定全是挨家挨户敲门，这成本确实很高，以后像利用虚拟调查、网络调查手段的应用会越来越多。我们在做各自调查时，能不能就相关主题联合进行问卷调查设计与实施？我觉得这个是可以做到的。因为我们也有这种需求，包括在座的很多老师也都相互支持过。

　　主持人柴彦威：谢谢，总结得很好。行为研究，刚才讲大有作为。但是就像高晓路老师总结的，行为研究需要创新，行为研究任重道远。我们的空间行为与规划研究会是在创造研究氛围，搭建研究平台，开拓空间行为与规划研究新的领域。我自己判断，总体上，中国的城市行为研究，跟西方比最少是30年的差距。所以，我们现在开始要把这个蓝图画美，任重而道远，这需要我们几代人的共同努力。在座的大部分是年轻学者，我们要致力于把中国的行为研究做出中国的模式，中国的特色。怎么样在科学研究和实践应用之间找到一个平衡，就像王德老师讲的，我们这个实践还有很长的路程要走。所以，需要大家一起去探索，共同去思考高晓路老师讲到的,我们的创新何在? 或者说我们的理论模式在哪? 我们不断发展的路径在哪? 希望我和王德老师,在退休之际能够看到行为研究的大发展。今天的圆桌讨论就到这,谢谢大家的参与。上午到现在,不管是六位老师的主旨发言,还是各位同行的参与讨论,都很热烈,真是难得的一个场面,参加这个会议我个人觉得很兴奋,也觉得很成功,最后也感谢刘志林和张景秋老师辛勤地组织工作。下面就把话筒交给下午主持的刘志林老师,谢谢大家。

第三部分 空间行为与空间组织

主持人:刘志林

主持人刘志林:各位学者,讨论的时间怎么样都不够,但是我们必须要进入到下半部分。根据大家报名提交的论文,我们分了三个专题,下午的第一个专题是由我主持的"空间行为与空间组织"。每位发言人的时间是 10 分钟,每一场结束前有半个小时的互动交流。因为刚才很多老师提到关于数据共享和对比研究的话题,我也借此机会说一下,我们正在做的这个研究,如果有老师感兴趣,我们也可以共用这份问卷,并根据不同城市的特点做一些小的改动,这样的话我们就可以进行一些对比研究。好,下面有请下半场的第一位报告人,来自北京联合大学应用文理学院的张景秋老师,她报告的题目是"北京城市办公空间的行业集聚特征分析"。

1 北京城市办公空间的行业集聚特征分析

张景秋

张景秋:各位下午好。因为时间的原因,前面有一些具体的研究过程我就很快过一下,后面讨论部分我多说两句。上午的研究交流基本上偏向于居住空间的视角,而我的报告更侧重从办公空间,也就是工作地的视角。基于我正在做的国家自然基金面上项目,汇报的重点是北京办公空间行业集聚特点分析。

为什么会想到研究办公空间的行业集聚特点? 首先,从城市经济发展趋势来看,都经历着从制造业向服务业的转移,我现在界定的办公业与服务业,特别是生产性服务业之间,从统计数据和统计口径上有相一致的地方,两者的主要区别在于,办公业更侧重对信息的收集、处理、分析与应用所衍生的生产环节,其生产空间载体位于商务写字楼内。因此,从城市经济空间载体来讲,特别是生产载体来说,城市又经历着从工厂向写字楼的转移。基于这样的研究视角,国内从 20 世纪 80 年代开始,从跨国公司区位研究开始,到写字楼空间格局研究,主要集中在对北京、上海、长春、南京,还有广州这几个城市的写字楼区位选择与空间集聚程度的研究,但从写字楼集聚范围与不同行业规模之间的关系研究相对较少。

其次,对于研究案例城市北京来讲,在中心城区向外疏解的压力下,在人口、产业向新城转移的过程中,产业功能转移是重点,但是哪些功能能转出来?哪些必须是向心集聚的?这也需要有一个相对明确的研究支撑。从办公业角度,它的行业集聚特点是什么样的?办公活动及其功能在城市内部如何转移?

实际上,国外对于办公业的研究,最早可以追溯到1921年,研究文献相对集中的年份是20世纪70年代,特别是在英国,成立了专门的OFFICE管理局,美国也有相应的部门。国外相关研究多立足区域整体功能的转移以及政策层面的支撑和引导,包括像澳洲悉尼和墨尔本之间的办公功能转移与政策研究等等,多延续经济和城市地理学的传统的区位研究,比如说总部型部门与市场型部门之间的集中和分散问题。正如高松凡老师提到的中心地理论适用性讨论,办公空间因为有等级存在,所以它依然是一个中心地等级关系的研究。另外,还有一部分研究集中在对面对面交流需求的探讨,随着网络技术的不断发展,特别是后台办公的出现,对办公活动以及办公空间选址的影响,学者提出是否还需要面对面交流?为什么中心城区CBD仍然在不断地增加高度,增强强度?根据对相关文献的分析可以看到,在强调外部效益这样一个基础时,对于那些模糊的信息获取和信息交流,集中是必须的,面对面交流的产生也是必然的。还有一些学者从郊区化的视角,研究发现办公郊区化是推动郊区化发展进程的重要阶段,所以,对于郊区化而言,不仅仅只是制造业出去了,居住出去了,郊区化就到终级了,其实还有一个很重要的带动郊区化进程的阶段,就是办公活动的郊区化。针对办公空间区位选择研究来讲,以写字楼作为办公空间载体,以点区位来获取行业信息,探讨功能之间的相互关联也是后续办公空间研究的重点。

我们的研究范围是以北京中心城区的六个行政区,再加上亦庄新城所构成,亦庄作为北京的第一个国家级经济技术开发区,建有office park办公园区这样一种新的产业空间形式。研究时用的写字楼点位数据,主要是利用GPS采点数据,我们连续做了两年的写字楼点位采集工作,一共采集了1921个写字楼的点位数据,后来就像高晓路老师说的,有了供应商提供数据,我们也买了一些数据。点位数据相对较好获得,但是对于行业数据来讲就有些困难。一栋写字楼里有很多家公司,要获取每一家公司的数据是非常困难的。上午刘云刚老师还问我,有没有做过办公空间的立体化研究?其实,在我最开始做写字楼研究时,柴彦威老师也提到办公空间立体化研究应该还是很有意思的。但在实际调查过程中发现的确是很麻烦,一栋楼有20层,每层的行业全都要去做调查,很难。所以,我们的做法就是在分析点位数据集聚度的基础上,选取重点地区,设计从业人员问卷,通过抽样调查,共获得有效样本594个。所以,刚才高晓路老师说,到底这个样本量有多少就能够达到要求?我认为,按照相应比例关系,获取一定数量的代表性区域样本,能满足研究所需,还是有分析价值和意义的。

　　参照国家行业统计标准,本项研究涉及的有 8 个行业。在分析的过程中,我们先依托北京城市道路的环路格局,依此作 5 公里、10 公里、15 公里的缓冲区分析,描述不同行业的分布格局。其实,缓冲区加统计分析的方法是很简单的,大家都会。而我的想法是研究分析的方法不一定非要用特别复杂的模型,而是要看方法与研究目标之间是否契合? 方法是否适用? 如果通过统计分析,就可以达到一个基本的判断,为什么非要用复杂模型呢? 除非,复杂模型的中间产物是有用的,更是可用的。回到我的研究,随后,我们采用 Ripley's K(d) 值的分析方法,刻画不同行业的集聚范围。最后结果也挺有意思的, x 轴是空间范围,我们可以看到 8 个行业在北京中心城区的办公空间集聚程度与范围。很明显,就是 10 公里之内是北京城区写字楼分布最为集中的区域,也就是说在北京的三环至四环之间,写字楼高度集中。不同规模、不同行业,其在空间尺度上存在差异。总体来看,金融业无论规模大小,均倾向于空间集聚且呈向心集中的格局,而像建筑业、交通运输业和房地产业,规模越大越倾向于向中心城区以外集中,这有点儿像高晓路老师刚才提到的小 α。

　　对于影响区位变化的原因分析,可能地价和规划是两个重要影响因子。如果能支付起 CBD 地区的写字楼租金,就选择在 CBD,如果支付不起就迁出,支付得起就再搬回来。当然,对于北京来讲,规划引导的作用也是非常显著的。至于说,对于区位变化的决策是群体行为为主,还是个人偏好为主,与被调查者的单位性质有关。在对中央在京机关迁移决策做深度访谈时,更强调群体决策行为;而在对私企老总做访谈时,发现相对于群体而言,老总更偏重他自己的时间效率和偏好。最后,对于迁移的动力机制研究是最令我困扰的地方,我希望能有一个适用模型,我们也找了很多区位选择模型,比如说商业选择模型,并尝试移植到办公空间选择上,但实际上,我们发现办公空间选择具有其特殊性,它既要兼顾同行交流、政策等信息获取快捷,还要考虑企业形象、地位和美誉度,而政务性办公与商务性办公又有很大差异,是否会有一个普适性的模型存在? 或者说,是否需要构建这样一个模型? 另外,从研究数据和分析方法来讲,今天我们更多讨论的是问卷数据的获取和定量分析,但实际上,有一些行为,特别是包括个人偏好在内的决策行为,更多需要定性分析,而以深度访谈获取的数据如何能够展示它的数据魅力,也许是下一次会议讨论的话题,我也希望在下一年度在质性研究方面能够进行深入探讨,谢谢大家。

　　主持人刘志林:张老师在最后提到,定性、定量数据的结合问题。希望以后能够有时间就这个问题进行专题交流。下面有请同济大学建筑与城市规划学院的段文婷发言,她的题目是:城市大型商业中心开发的空间影响分析,是和王德老师合作的一篇文章。

2　城市大型商业中心开发的空间影响分析

段文婷

段文婷：各位老师大家下午好，我是同济大学王德老师的学生。我今天汇报的主要内容是基于我们之前所做的上海大型商业中心开发调查的一个初步分析结果。研究的背景是基于上海市的商业地产在近 10 年来的迅速发展，商业中心格局已经形成。而随着商业地产的快速扩展，传统商业中心和新兴商业中心在空间上相互交织，从人均保有量上来说，上海市的商业地产出现过剩趋势，但在我们的商业规划前期分析中却很少涉及这方面的内容，新规划出台后，很可能就会造成资源浪费。

因此，我的这个研究，其主要目的就是探究一个新兴的商业中心兴起之后，会对原有的商业设施产生什么影响？以及在空间布局上会产生什么影响？选择的案例就是上海的五角场，它位于上海市区的东北角，原来也布局有一些商业设施，从 2006 年开始，这里经历了一个商业空间再开发的过程。经过 4 年的发展，现在的五角场人流大幅度增加，是一个具有典型代表的调查区域。

调查问卷分三个部分：第一部分是个人属性信息；第二部分是被调查者对商业中心使用的频率变化；第三部分是对被调查者日常可能发生的 10 类消费行为的变化调查。调查地点选定在五角场的商业中心内，调查总共进行了五次，发放了 580 份问卷。从样本总体情况来看，它呈现出一个年轻化、高学历化和白领化的倾向，这也跟五角场的主体消费人群特征相一致，有 80% 的被调查者居住在位于五角场 30 分钟以内的交通圈附近。

研究的第一部分，是五角场消费人群总体行为特征分析，与上海最主要的商业中心——南京路、四川北路和淮海路的到达频次进行对比，从平均变化来看，被调查者到五角场购物的频率发生了大幅提高，近 1/3 的被调查者到传统市中心的频率有所降低。从各类消费的转移上来看，在被调查者的所有日常消费中，有 50% 的消费频次转移到了五角场，在已发生的消费转移中，约有 60% 的消费行为转移到其他的商业中心，25% 转移到被调查者的居住地或者工作地周边。从转移比例上来看，服装、餐饮和娱乐类消费是转移比例最高的，其次是数码、图书、化妆品、首饰类，家居、家电和日常生活用品消费是转移比例最低的。

将被调查者的居住地信息空间化后，得到了所有调查样本的一个居住地坐标，再对每一个居住地距离五角场的直线距离进行统计，发现有 30% 的被调查者是位于五角场 2.5 公里范围内，60% 是位于 4.2 公里范围之内。也就是说，五角场的影响范围还是最集中于上海的东北角，距离市中心比较远，其消费人群相对集中。

接下来,考虑不同方向的分布差异。以上海的中环作为坐标横轴,建立一个小坐标系。从不同方向分析来看,消费人群分布最密集的地方是背离市中心的方向,由于黄浦江的自然限制,右翼方向的消费人群分布也相对集中。而在面向市中心的方向,其圈层结构明显,在3公里范围之内分布相对密集,3公里范围之外发生急剧下降。从分布密度的数值上也能明显看出这个区别。左翼的话,分布比较分散,但是总体来说比较平均。从空间变化来看,现在选择五角场作为主要出行目的地的人群分布较之4年前更为广泛,而且在五角场周边地区分布的密度也比过去要大。从各个方向上来看,背离市中心的方向变化是最小的,因为它原来的选择比例就高。其次就是面向市中心的方向,4年前和4年后的分布都比较低,变化最大的是两翼,增长比例最高。

我们将依赖度这个指标引入到每个调查样本里,它主要包括两个部分:一个是半年之内去五角场消费的次数占去所有商业中心消费次数的比例,即,商业中心的利用度;第二部分是所有消费类型中最经常在五角场完成的比例。从分析结果上看,与之前分析的消费圈层及其分布结构一致。

针对调查中涉及的10类消费,我们对每一类消费的购物目的地、主要的出行目的地、出行距离、出行交通方式和时间进行了调查。通过分析,把这10类消费合并成3大类:第一类,有固定的消费出行的目的地,比如说首饰、化妆品、数码产品和图书,这类消费一般可能受到消费心理或者是消费中心的特色影响,可替代性相对较小;第二类,服装类、餐饮类和娱乐类的消费,因为同质性比较高,出现一个新的商业中心之后可替代性也比较高,所以这一类是变化最大的;第三类消费,受距离的影响比较强,随着距离的变化,消费比例的变化速度非常快,这一类主要是家居、家电、生活用品,由于这一类消费目的地主要是连锁店,其分布比较密集,都在离家比较近的地方。为了进行对比分析,我们计算了每一类消费的消费比例和理论消费量,并与实际消费量进行对比,发现一类消费在一定程度上受到距离的影响,二类消费受到距离的影响最小,三类消费的变化梯度非常明显,受到距离影响最强。随后,我们又对每一类消费变化前后的空间分布转移进行分析。从分析结果来看,一类消费的转移比例总体比较低,由于它集中分布在五角场周边地区,消费比例是以背离市中心的方向最高,面向市中心的方向明显偏低;二类消费的分布非常广泛,相对来说在五角场周边最为密集,其转移比例是最高的,其次是面向市中心的方向,而左翼因为到市中心和到五角场的距离相差不大,所以其转移比例相对较低;三类消费的转移比例是三个中最低的,相对来说,往外环方向的转移比例高于内环方向,因为这类消费的商业设施在外环方向分布较少。

主要结论,第一,新型商业中心建成以后,在三四年的时间内它的影响范围相对集中在其周边地区;第二,背离市中心的方向对于新商业中心的依赖度更高,而面向市中心的方向相对较低;第三,从引发变化的角度来说,两翼受新型商业中心的影响最大,从消费分类来说,有固定消费地点的消费受到的影响相对较小,方向性比较明显,可替代性消费分布比较平均,受到的影响较大;第四,距离主导性的消费对于距离的敏感程度是最高的,对地区内商业设施本身的分布密度比较敏感。以上就是我们研究的初步成果,谢谢大家。

主持人刘志林:我们第三位报告人是来自中山大学地理科学与规划学院的刘云刚老师,他的题目是"城乡结合部的空间生产与黑色集群——基于广州 M 垃圾猪场的案例研究"。

3 城乡结合部的空间生产与黑色集群
——基于广州 M 垃圾猪场的案例研究

刘云刚

刘云刚:非常荣幸,被邀请来这里做一个大家稍感另类的报告。首先交代一下,这个主题与我在第三次空间行为与规划研讨会上发表的研究相关联,关心我研究进展的学者和同学,请大家去看相关论文。现在做的这个研究,就是想把空间生产和全球化这个概念联系起来,做一点探讨。

今天讲的是立足生活空间和空间生产之间的关联视角,我现在之所以关注空间生产,是因为之前我认为生活空间是人类环境适应的结果,而空间生产应该是对它的一种解释,也就是说可以用空间生产这样一个框架来解释适应的生活空间是如何形成的? 然后,再用社会和制度作为背景,探讨在一个限定的地理环境条件下,人的行为对这种适应性的选择,在此基础上,再提出一些关于政策和规划方面的思考。为什么讲空间生产呢? 近几年,空间生产被社会学、政治学和规划界引入以后,实际上已经形成了一个非常有冲击力的新的认识论,这个认识论在于它同时把资本(经济要素)、权利(政治要素)和社会运动(社会要素)结合在一起,相互交织来进行分析。我认为这是一个比较好的分析方法,即用空间和社会互动构建的方法论,来处理我们的空间现象,通过多要素的综合解释来阐明空间景观的形成原理,这正好符合了我们地理学的综合性和地域性的特点。所以,我想把这个理论引进来,给它本土化,并以此来解释我们国内发生的一些现象。

空间生产是有多个尺度的。首先,在哲学上,有学者通过辩证法和空间本体论这个角度去探讨空间生产,这个和作为理科的地理学或者作为工学的城市规划的思路有点不一样,这里不再详述。关于实证研究,实际上有两个角度:一个是宏观的,一个是微观的。宏观角度,主要是依据新马克思主义的政治经济学,或者全球地方管治理论,展开一些演绎性的探讨。而微观层面的探讨现在国内还比较少,主要是探讨居民参与下的尺度重塑,以及在微观力量作用下,或社会力量作用下的空间生产。我今天的这个报告主要是从微观角度进行的研究。

实际上,从 2006 年开始,国内已经有学者引入了空间生产的理论,并且开展了一系列的解读活动,但是这个解读,多数是基于宏观视角以及新马克思主义政治经济学的分析。在规划界,《国际城市规划》杂志专门组织了一期有关空间生产的探讨,其中的案例更多关注的是空间生产中的资本和政府的作用,我把它归结为一种强空间生产,一种结构化的生产,并没有探讨其中的能动要素,认为这样的政策,这样的规划,必然产生了这样的结果。还有一些社会学的研究者,关注到弱势群体在整个空间建构过程中的作用,但是采用的解释方式也还是结构化的。在英文文献里面,更偏重的是种族、文化等这样一些非结构化的要素,也就是说能动性的这一部分。还有一些文献关注 NGO,关注非正规群体等弱势群体的能动作用,实际上,我认为这是更有意思的研究。所以,我就想能不能把资本、规划、政策作为一种背景,来探讨其中的社会行为,或者说社会运动,探讨民间的力量是如何来创造一种空间的?这种空间,我这里权且称作为叫弱空间生产。如何理解呢?首先,基于一个制度结构,这是一个宏观的结构,在这个制度结构下,产生一些社会的行为,这个是能动性,通过这种结构化和能动之间的互相的塑造,通过在地化和确地化的过程,塑造的空间景观就是弱空间生产的一种结果。在这样一个思路下,首先找到了垃圾猪作为我们的研究对象。所谓垃圾猪,就是用剩菜、剩饭喂养的猪,这是一种很普遍的喂养现象。但是,现在出现了一种工业化的垃圾猪,在城乡结合部,一些人依靠城市的餐饮行业产生的有机垃圾和消费市场,衍生出的一种专门化的、类似工业化生产的养猪模式,实际上,是一种介于农与非农,现代和传统之间的非正规产业,同时也是城市化的一种现象,养猪要依靠城市的厨房垃圾。实际上,从舆论方面看,垃圾猪生产现在是被禁止,是被大量批判的,是要坚决取缔的,因为在垃圾猪生产过程中,洗涤剂、塑料袋等混在其中,会生产出不符合卫生标准的猪,而这个猪又会污染大家的餐桌,产生食品安全的问题等等。但实际上,垃圾猪场是取缔不了的,从各地的报道中也可以看到垃圾猪在各地都如火如荼地生产着。为什么取缔不了?我认为,这就是一种空间生产,想取缔但是取缔不了。我的研究区选取在广州市天河区马鞍山附近的一个猪场,即 M 猪场,旁边是一个旧厂区和一个林地,面积大约 5.5 平方公里,这里有 300 家的养猪户,年产是两万头,这些垃圾猪农主要来自广西灵山、旧州的太平村的进城农民,我称之为移民,他们还有一些人是从事收木材,收废旧钢铁的,这些移民在猪场附近形成组团分布。研究的方法主要是定性研究方法,以观察和访谈为主。2009 年到 2010 年,广州市城管对垃圾猪场进行了三次清理整治,2010 年 11 月 14 号的《广州日报》报道,派出了 1500 名城管,清理整治了 80 户左右,取得了阶段性胜利,但是后来发现没过多久,这些猪农又都悄悄回去了,根本就清理不掉。为什么取缔不了?这就是一种空间生产。下面,通过空间的占据、空间的营建这两个方面来分析这种空间生产的机制。首先,在空间占据上,实际上,这些猪农从开始进入的时候,就考虑到要选择一个有利的空间,而 M 猪场刚好符合了他们的一些要求。第一,隐秘。选择在比较隐秘的林地旁边,同时,前面是住宅,后面是养猪场,从房子外是看不到里面的养猪场,他们还自编了门牌号,便于管理,但是外面不知道是怎么回事;进来的路比较偏僻,而且只有一个进口,进口的地方有一个小商店,这个商店承担了一个瞭望哨的功能,外面城管来了,商店马上有人打电话通知里面的住户。第二,对脏、乱、差的一种构建,这个地方本身地价比较低,但是这些猪农还故意往地上倾倒垃圾,久而久之这里就会发出某种气味,这样的地方显然大家不愿意接近它,这样也起到了一定的降低地价和隔离的作用,利于他们在里面从事生产,这就是一种空间的构建和占据。其次,在空间营建的过程中,实际上,他首先营造的是一种社会网络,即通过一系列与市场相关的社会关联行为,营造出一种社会网络,而当城管对他们进行清理时,清理的就不仅仅是这些猪农,而是要对整个营建出的社会网络进行清理,这就很难了,区区几十人的城管要对抗上千人的庞大的社会网络,是很难想像的。通过访谈了解到,猪农通过他的买主,以及和垃圾场结成的各种关系,就形成了一个庞大的社会网络,网络的核心是以老乡为主体来构建的。在这个基础上,还有一个生产网络,并通过产业链加固和延续这样一种空间网络。在广州城管对垃圾猪生产销售渠道实施检查和生产管制之后,这些生产也采取了种种措施来突破这种空间管治。一方面,他们把生猪藏在运送木材、钢铁、纸张等的车辆中往外运送来躲避警察;另一方面,还通过一些地下渠道,继续生产和运送。实际上,监管的力量远远不如突破监管的力量来得强。这样一来,对它的空间监管实际上是失效的,这种能动性的背后实际上反映了一种制度结构背景的影响:一是户籍制度,这个不用多讲,反映身份的差异;另一个是土地制度,这个地方的土地所有权究竟是谁的? 现在也查不清,应该是国有的土地,但是未利用。还有就是我们的卫生制度,对于食品来源,以及餐馆用过的残渣怎么处理没有规定。尽管对于猪肉怎么流入市场有规定,但是监管不严。这些都构成了垃圾猪生产的土壤,有足够的原料,足够的场地,有市场渠道,他就可以生产了,实际上,只要有空间就能形成垃圾猪生产。这样的案例显示了一种社会力量作用下的空间生产,是在中国转型期的制度框架下,由猪农的适应性选择和日常的社会行动构建而成的。在这个案例中,空间虽然被管治,但是猪农通过积极的行为成功获取了一片根据地,而且能在不断的清理中依然顽固地存在着。这就是一种在我国快速城市化过程中产生的由弱势群体主导的弱空间生产的典型案例。

在这个案例中呈现的集群,我形象定义为黑色集群。黑色集群的概念想表达三层含义,第一,这种生产活动是非正规的,甚至有时候是非法的;第二,它的生活空间是脏、乱、差的,也是隐秘的;第三,未来是不稳定的,也是不明朗的。这种集群依赖于低成本的原料供给和非正规的经营网络,依赖于社会身份较低的农村进城移民群体的存在,也依赖于现行的制度结构。与这个案例相似的,目前国内存在的一些其他现象,如小产权房、东莞的电子垃圾村等等,都可以作为一种类似的案例去展开探讨。那么,在这个现象背后反映出的问题,对规划有什么启示呢？我认为，第一，在政策层面，我们要进一步明确应该如何认识这样的现象？是取缔还是允许？这是一种制度漏洞，还是一种时代的必然？是环境的问题，是发展的问题还是一个社会问题？在明确认识的基础上如何进行空间管治？实际上，面对这样一个复杂的问题，不可能通过简单粗暴的取缔命令就能彻底解决。如何来管这个问题，是基于当地居民的立场去取缔，还是基于这些弱势群体的需求去规范化，不能回避问题的实质，也就是应当正面给出解决问题的办法，你究竟对他要怎么办？当然，对于我自己而言，我今天会上的发言更多是侧重作为一个定性研究方法的探索，请大家多批评指导，谢谢。

主持人刘志林：谢谢刘老师。我看大家对这个研究都非常感兴趣。今天上午，大家的确有意无意地都在讨论各种类型的调查方法以及定量研究中面对的各种问题。实际上，我们在讨论的过程中，很多学者也都在强调两个问题：一是我们如何去揭示人、社会、制度与空间的互动过程和互动关系？二是定性研究方法与定量研究方法通过什么途径能够相互结合？刘云刚老师的研究在这个方面确实给了我们很多启示。他通过定性研究方法，解剖广州的这个案例，试图揭示在复杂环境下，空间组织、空间生产所经历的深刻过程。第四位报告人是来自北京大学城市与环境学院肖作鹏同学，他和他的导师柴彦威教授合作研究的题目是"基于居民出行碳排放的城市空间组织优化研究——以北京市为例"，大家欢迎。

4 基于居民出行碳排放的城市空间组织优化研究
——以北京市为例

肖作鹏 柴彦威

肖作鹏：非常高兴能给各位带来我的一些小的中间成果。我本科学的是规划专业，刚刚接触到地理学研究，请各位专家、各位老师、同学多多指教。我们现在研究的这个议题是交通出行和城市空间以及碳排放的关系。我想土地利用与交通出行这个问题是历久弥新的话题，研究这个问题有很多的模型，也有很多的方法。尽管如此，我认为现在仍然有几个问题需要再认真思考的：第一，是关于城市空间的问题，它对交通出行有哪些影响？或者说哪些因素对交通出行产生影响？是否会产生决定性的影响？目前没有很明确的定论。第二，在研究方面采取的指标也是很多样的，研究的结论也各有差异。没有探讨一个非汇总的环境行为，如何汇总到空间层面。第三，关于空间组织的供给问题，一直没有很多的研究。基于这样一个认识我们提出了一个概念模型，即家庭社会经济属性和空间形态的因素会影响交通出行的特征，会影响某一些环境特征。比如刚才有老师提的外部性问题：噪音、碳排放、能源消耗、空气污染等，今天我的汇报就专注于研究碳排放，目的就是要发现影响居民出行碳排放的一些因素,要寻找到针对居民家庭出行碳排放的政策调控,以及应该怎样调控,即寻找到城市空间组织优化的一些路径。针对研究目的,我们选用了一个路径分析模型,路径分析模型应该是结构模型里一个重要的应用。我们用的软件是 Amos 7.0,研究的数据是采用 2007 年北京大学行为地理学研究组做的北京市居民活动日志调查数据,该数据共调查了 10 个小区,600 户家庭,经过条件筛选,选出 500 户家庭,主要有四种情况:胡同、单位大院、郊区政策房,以及郊区商品房社区。有数据之后,我们提取三组变量:第一组是交通出行特征;第二组是碳排放;第三组是社会经济属性。按照交通出行特征,我们提取的是出行的次数和使用小汽车出行的概率,以及出行的总距离,发现这三个变量在不同的社区是有差别的。我们用这个出行数据套一个指标,就可以把碳排放计算出来,结果发现碳排放位于前几位的小区有望京花园、回龙观、当代城家园、方舟苑,前两个是郊区政策房社区,后两个是郊区商品房社区,它的平均碳排量是比较高的。对社会经济属性,我们提取了家庭收入规模、通勤人口以及居住区建成的年份和私家车拥有的数量。关于空间形态的变量我们在社区制度上做了一定的研究,这个数据也不是很全,目前我们想研究的是五个指标:第一个是它的区位,就是距离市中心的距离;第二个是在社区街道尺度上的人口密度;第三个是通过计算,知道整个社区中心点 2 公里范围之内的商家的数目、商业密度,从而计算出土地使用混合度的指数。第四个计算 500 米范围之内,也就是这个中心点 500 米范围之内所有的公交站点的线路数,我们当成它的一个公共交通可达性。另外,我们再计算 1000 米范围之内这个站点的服务,按照最初的设计,构建基本模型,这个最初模型是一个非递归的模型。自由度也比较大。通过不断的释放变量,我们得到三个比较合适的变量,通过不断调整后的模型,卡方最小是 32.44,自由度是 11,P 值是 0.053,基本上满足模型的要求。

由模型,我们可以按照交通出行的总量和家庭使用小汽车出行的概率以及出行的次数这三个变量来解释交通出行碳排放的主要原因。这样的解释能力达到了 64.8%,前两个主要的作用系数,即关于交通出行总量和使用小汽车出行的概率对碳排放的作用的系数分别达到 0.529 和 0.578,其中小汽车的总体作用效率是 0.584,说明了高碳是使用小汽车出行所导致的。主要原因是因为家庭拥有私家车,一旦家庭购置了私家车之后,他出行的高碳化几乎是不可避免的。小汽车能够增加他出行的次数,能够促进多次短距离的出行,能够增加出行的总量。我们看到这样一个作用的系数几乎是 1.157,相对比较明显。其他的空间变量对小汽车出行几乎没有显著性的影响,也就是说主要的原因还是社会基础性,尤其是家庭购置私家车的数量。从这一点看,我们说公共交通,包括公交、地铁对于私人交通的作用几乎没有明显的替代作用。出行总量受到空间形态因素的影响最大,特别是土地利用混合的密度,以及距离中心区的远近,也就是说距离市中心越近,各设施混合土地利用的可达性越强,出行的碳排放总量越小。

关于政策利用方面,按照我们得出的结论,空间组织应该通过土地混合利用,通过设施的供给来引导居民降低交通的发生量,最主要还是决策的过程,要在次数、尺度和结构以及空间分布这几个维度方面进行调控。另外关于小汽车的拥有量,这的确是造成居民家庭出行碳排放量高的最主要的原因。但是我想这不应该是主要的着力点,我们最主要的着力点还是降低交通出行的碳排放量的关系。也就是说,从治理措施上,我们正在想办法堵住大家使用小汽车这条口子,这就需要更加精细化政策的调控。

我们这个专题是讨论空间组织,对此我有一些不太成熟的想法。目前我们讨论的空间组织,或者说组织的过程,都是偏向于物质空间的组织。前段时间讨论的土地议题,其实讨论的是土地使用的消融性,我个人觉得我们应该讨论的是在一个空间范围内,空间行为的相容性,也就是在空间范围内要尽可能多地满足人们对空间需求的综合平衡利用。即我们要通过这样一个空间行为的组织,通过对空间行为的规范能够做出对空间组织的优化调整。

另外现在对城市规划的探讨主要是城市空间的构造单元。以后要应用起来,最主要是对这个行为组织单元进行发现。今天讨论的空间组织主要关注高碳,但对低碳的空间制度,是我们今后要多加研究的。谢谢各位老师。

主持人刘志林:谢谢。

第四部分　交通出行行为与决策

主持人:孟　斌

主持人孟斌:这一阶段主题是关于交通出行行为与决策,我们第一位报告人是来自大连理工大学的刘锴老师,他报告的题目是"交通出行选择行为的网络调查"。

1　基于 Google Map 的交通出行选择行为网络调查

刘　锴

刘锴:之前我们听到的报告都是针对研究成果,我的报告是针对一个技术。在调查过程中我们都遇到过这样一些情况,对于有些意愿调查对象,尤其是未来调查我们很难去描述,或者很难让被调查者理解,特别是针对空间意愿的调查,包括志林老师即将要做的关于居住、空间关系及未来选择的调查,实际上我们都可以利用 Google Map 这样一个工具。

我主要做了几个方面的工作:时空间调查,以及利用智能体做的一些代理人模拟仿真,我们的想法是把这样一些微小的仿真模型、仿真系统嵌到一个比较完善的宏观模型中去,以实现对城市系统的模拟。另外因为我一直是做浮动车系统研究的,浮动车数据很重要的一点是在连续性上存在不足,尤其是现实当中我们经常是只能拿到 60 秒的数据,那么对于数据的还原,包括今天上午高老师说到的,很多的数据怎么去除冗余、提出精炼的信息,怎么去进行一些数据基本信息的还原,这就是我们做的一些工作。今天如果时间允许的话我把前两个工作简单地进行介绍。

由本田 2009 年上市的 U3 移动工具,它可以单轮保持平衡,其实这样类似的工具在2002 年美国的赛克维上市之后,最近几年发展得非常迅速,这样一个移动助手其实对人们交通出行的选择,尤其是对于短途依赖小汽车出行的行为具有很大的震撼力,呈现出改变人们行为的趋势。因为短距离出行,我们说一公里、两公里、三公里的范围内没必要再开汽车了,开车反而不方便。类似这样一种轻型的、速度并不是很快、每小时小于 30 公里的移动交通助手就显示灵活、机动的优势。

那么对于这样一个轻型的交通工具,我们的问题是:它在什么样的情况下适用? 人们愿不愿意去购买它? 一开始,我们做了一个问卷,重点考察它的市场效应,比如说它卖30万日元、50万日元的时候,你愿意购买吗? 你什么时候去使用? 我们当时调查的对象,是丰田生产的Ｉ３移动工具,它可以站起来,速度小于15公里/小时,可以躺下去,速度是30公里/小时,简易版的市场价是15万日元至20万日元,通过我们的调查发现,它的市场接受率不是很高。这样我们就考虑在什么样的情况下,在什么样的城市环境中移动工具会得到应用呢? 针对这样一个想法我们在城市中心进行了调查。

在做调查的最初,我们仅仅考虑从郊区到市中心的出行,应用 Google 地图,在实际的城市中心,配置了一个目的地,包括假设的停车场、车站。为什么要这么做? 因为可能有很多停车场,但是我们并不确定是满的还是空的,增加了调查难度。但是有了 Google 技术以后,我们可以假设,这个范围内有一个目的地,并假设该范围内存在若干个停车场,用闪烁光点来表示停车场的状态。不闪烁的停车场表示已经停满车了,同时可以附加很多的信息进去,这样做调查它的信息量是很大的,而且可以针对每一个人进行不同的设计。

做纸质问卷调查我们面临最大的问题就是基本上千人答出来的问卷都是同一种,用这种问卷去做模型是有一定限制的。此外,我们经常看到"答完第几题如果是的话就转到第几题"设问,非常麻烦,而网络问卷就避免了这些问题。针对问题,网络问卷给你提供不同选项和回答的环境,如空间环境、地理环境、时间环境,都可以提供。我们根据问卷,做了一个简单的模型,实施的效果非常好。我们调查了21个人,有105个样本,但是利用我们的模型,其效果比500个样本的模型更佳。

此外,我们还做了一个交通工具空间仿真模型。针对公共交通服务水平的评价,我们认为一直是处于外部空间或者说是一个宏观的层面,没有对于个人出发点到车内的评价,而且这方面也很难去做调查,我相信大家应该有同感。所以,我们想通过 net logon 的智能仿真平台,利用多智能体模拟人们在车里的移动。人们为什么要这样站,为什么要这样走,为什么选择这样停留,把车内整个空间、形态,包括是否有电视,这个位置有栏杆都放到这样的空间当中。这是我们一个程序,在这里简单地演示一下。

我们做这个工具的目的是为了公交公司,因为我们发现公交公司在做智能调度的时候缺少很多实际的技术指标。现在公交车的 GPS 装置,从智能角度它最多看到拥堵路段,能有效地避免,但是这个是远远不够的,我们要考虑的是怎样能够为人提供更好的服务。所以我们通过对像车内空间等一系列要素的分析,集成之后模拟一个车队,甚至整个城市的公共交通网络的效果。

通过模拟,我们对车内空间在什么地方设置座位、什么地方设置窗户有了更明确的认识,包括上下车门的宽度究竟多少合适就能够为人们带来最大的享受? 包括每条公交线路在不同的环境下行驶的里程数大约是多少？在大连，我们计算出公交车行驶 10~12 公里的长度，它的服务效用、服务水平是最优的。现在大连有很多公交车是行驶 20 多公里，包括因为城乡一体化，有的公交车甚至延长到 25 公里，这种情况下发生车辆的拥堵是非常明显的。

主持人孟斌：谢谢刘老师报告，实际上他给我们带来两个报告，因为时间原因我们提问和讨论时间还是放在后面。下一位报告人是来自北京大学城市环境学院的申悦，她给我们带来的报告是"基于定位基础的微观个体行为时空数据采集、管理与分析"。

2　基于定位基础的微观个体行为时空数据采集、管理与分析

申　悦

申悦：各位下午好！我今天汇报的成果是柴老师研究组和马老师的研究组的合作成果，2010 年 7 月在北京进行的一个基于定位设备的时空数据的调查。主要包括这么几个方面：

首先从研究背景来看，一个是人的移动性增强和复杂化，另一个是在时空数据的采集方面，定位技术和 SPV 应用为时空数据的采集提供了新的机会，包括 GPS 数据和 LBS 数据。这两个数据各有特点，GPS 数据的时空精度要高一些，但是在室内没有信号，而且要给被调查者提供一个设备，而 LBS 数据，只要在有手机信号的地方就可以定位，但是就需要通过电信运营商获得这样的数据。其他的还有如 IC 卡的数据等等这种基于定位方式的移动数据。目前在国内交通领域已经有很多采用这种 GPS 的研究方法，而 LBS 主要是国外有一些在旅游，针对旅游者行为的研究。

其次，从调查方法来看，我们主要采用定位设备、调查网站、访谈三种方法相结合的方式。我们定位设备采用的是一个 GPS 和 GSM，也就是手机信号定位，两种定位方式集成的一种设备，其好处是可以两种数据进行相互的补充。GPS 数据的时空精度很高，三分钟定位一个点，而且空间精度可以达到 10 米以内，但是它的主要缺陷就是在室内没有信号。而GSM 数据它因为精度比较差，而且时间也是一个小时定位一次，因为这个数据要通过移动运营商去获取，它的时间精度也会相对差一些。所以我们在整个获取数据之后就把 GPS 作为一个主要的数据源，而 GSM 作为辅助的数据。

最后，由于我们需要根据定位设备所获取的数据，希望这些居民能够在网上及时地填写他们的活动和出行的信息，为此我们开发了一个居民活动与出行调查平台。这个平台主要可以做三件事情：首先是一个网上的问卷，主要是收集关于居民社会经济属性、日常的居住、出行等等信息。还有一个是交互式的日志整理系统，比如说被调查者拿的设备，如果他有出行，或者他到处去走的话，他的定位数据就可以时时传回到我们网站。这个平台就会根据一

定的算法对他每个时间的移动,通过对移动速度的识别去区分他哪一部分是出行,哪一部分是活动。如果他在一段时间内移动距离比较大的话就是出行,在一个地方一直没有动的话就是活动。在网站可以填写出行和活动的信息,包括出行的交通方式、活动类型、同伴、评价等等,也可以进行个人基本属性问卷的填写。第三是后台管理员的监测系统,对被调查者填写数据的情况进行了解,包括这边可以进行对被调查者的时时定位,通过时间的选择,可以选择任意时段,察看他在这个时段内的轨迹情况,并且通过这个后台的管理平台我们可以对被调查者已有的数据进行下载。

同时作为一个补充数据我们设置了调查员责任制,我们有很多的调查员,每个调查员可能负责几个被调查者,调查员需要做的事情包括提醒被调查者每天带着我们的定位设备,监测并检查他是不是定时地去网上填写他的活动与出行信息。因为我们这个平台是建立在网上的,如果被调查人不能上网的话,或者某一天由于某些特殊情况不能上网,我们可以通过电话帮助他进行信息的填写,包括在我们之前发设备,还有最后回收设备的过程中可以进行面对面的访谈,以及过程中的电话访谈。整个交流的过程也就构成了我们数据比较重要的部分,调查员感受的数据。我们调查时间是从 2010 年的 7 月 10 日到 25 日,一共进行两周,对每一个被访者我们要调查他至少 7 天的数据,调查的内容就包括刚才所提到的个人基本属性,一周的轨迹数据,以及一周需要在网上填写活动日志的情况。

我们的调查区域主要选择天通苑和亦庄两个居住区,从区位来看这两个社区是一南一北,从职能来看天通苑主要是以居住职能为主,有大量的经适房,而且这边有居无业情况比较严重,交通压力比较大。亦庄经历了从开发区升为北京 11 个的新城之一,经历了职能定位的变化。它也存在着居住与就业不匹配的现象。从交通方面,天通苑有 5 号线、13 号线,还有一些快速交通,人口是 40 万。亦庄没有地铁线路,交通站也比较稀疏,地铁亦庄线将在 2010 年底开通。

这两个社区我们每个社区是选择了 50 个样本,最后也就是 100 个样本,每个样本基本上是 7 天。对于被调查者来说,他整个参与我们调查的流程就是,首先我们通过居委会接触到这些被调查样本,他们拿到定位设备,每天 24 小时要携带这个设备,并且要定时充电,携带之后要定期去网上察看自己的个人轨迹,并且根据这个轨迹填写自己的出行和活动的信息。如果这样一周的调查完成之后设备还给我们,并且他的数据也比较合格的话,我们会支付一定的报酬。

我们的数据库就包括了被调查人的基本属性、活动日志、轨迹数据,以及刚才提到的调查员在整体调查过程中对这个人的一些感性认识。我们搜集的数据,由于这个我们也是尝试性的研究,搜集来的数据也是存在一些问题,包括轨迹数据可能存在数据缺失、人机分离,以及存在一定的、由于定位设备造成的数据噪声,我们在之后使用过程中会对它进行处理,包括噪声点的删除、停留缺失点的插补,如果实际研究需要的话我们也会进行进一步的处理。活动日志也存在包括缺失、记录重复、错误等一些问题,我们也是在尽量尊重原始数据的基础上,以轨迹数据为参照,确保对他一天日志的连续性和完整性进行一些修复。

通过对数据质量最后的评价,可以发现还是有一部分轨迹数据、日志数据是没有办法用的,但是基本上有效率可以达到80%左右。

通过分析我们可以发现亦庄居民由于他的通勤距离比较远,每天工作比较固定,所以说他每天的活动是非常规律的,而且他基本上在下班之后直接就回家了。从他每天的活动日志填写的活动量来看也是比较少的。而天通苑的居民类似一个办事员,所以他的活动随机性很大,而且他每天需要走的地方也比较多,到周末就可以看到他基本上是待在家里的。

每个数据都有满意度的测度,针对某一个活动被调查人对设施以及他自己的满意度情况,也可以发现一般他们在出行过程中满意度可能是相对要低一些,这个上午马老师讲了。这是亦庄部分居民通勤的情况,利用这种GPS数据就可以得到这个居民实际通勤,他到底是怎么走,他的线路是怎样的。

最后是讨论,我们的调查其实也是存在一定问题的,首先我们的调查成本比较高,人力、物力、财力都需要花费大量的工作量,包括在调查前期的设计、中期的监测,还有后期的数据处理。且由于我们网站的算法限制,也会对数据采集产生一定影响,如被调查人在一个地方停留的话,网站就认为产生了一个活动,如果一个人在这个地方进行不同的活动,这样的数据就没办法采集到了,并且由于定位设备的一些误差,可能有一些漂移点,就会识别是原本不存在的出行,这些也给我们后期数据处理带来很多困扰,其次就是数据质量,比如说要采集他一周七天完整的活动,但可能这七天数据并不完全有效。我们在后期处理的工作量也是比较大的。最后就是GPS定位的数据除了能够使我们研究更加精确化、科学化以外,是否还可以给我们带来新的研究方向,以及它在规划中如何有效应用,都是我们接下来需要探讨的问题。

谢谢大家!

主持人孟斌:我们下一位报告人是来自同济大学的许尊,报告的题目是"郊区化背景下上海郊区居民消费出行结构演变特征研究"。

3 郊区化背景下上海郊区居民消费出行结构演变特征

许 尊

许尊:各位老师、同学,下午好! 我的报告以上海莘庄为例,分为这四个内容。

　　首先是研究背景,即上海郊区化进程的快速发展对郊区人口消费出行有什么影响。大家都知道中国大城市在 20 世纪 80 年代后期已经进入了一个郊区化的进程,但是它和国外有所不同,可能市中心并没有出现衰退,反而是更加集聚,这种情况对郊区人口的出行有什么影响;第二个是郊区与市区的关系,即在空间上有一定距离的隔离,又是一种相互联系紧密的状态,这种发展对于城市中心的消费出行有什么影响。我解决的问题是商业设施如何来应对郊区化的发展。

　　我的研究目的是通过实证研究,发现近郊居民的日常消费出行的变化特征,以及不同消费模式对居民的影响方式,以期对不同郊区化进程下商业设施布局提供一个参考和依据。研究方法就是调查问卷。

　　我选取的案例就是综合上海近郊区的区位、发展进程以及发展特征,选取距离人民广场 12 公里到 20 公里范围由轨道交通带动的发展成熟的近郊区,可以使研究的可信度提高,是因为我国的大城市郊区地区发展未来的趋向是轨道交通带动的,具有一定典型性。我选取了莘庄地区,莘庄地区位于上海闵行区,城市外环线以外,距离人民广场有 16 公里,距离城市副中心徐家汇有 10 公里,交通相对比较便利,轨道交通有一个交汇处。它的商业设施就是市中心的人民广场,副中心徐家汇,在莘庄还有一个地区商业中心百盛,以及距离它有 3 公里的蓝光商城,构成了商业设施分级的市中心、副中心和地区商业中心三个级别。

　　我在莘庄地区选取了三个小区,基本上是按照年代来分的,20 世纪 90 年代初期选择一个小区、90 年代末期以及 2005 年各选一小区,就是为了保证从老居民到新居民有一个样本上的连续性,可以反映居住郊区化对他们影响的变化特征。样本的收入、年龄基本特征是基本上是以中低收入,中青年为主,通勤交通以地铁、公交为主,基本上符合近郊区居民特征的一个典型性。

　　研究的第二部分是近郊居民的整体变化特征。

　　首先是消费中心的转移,可以发现消费频率来看,主要集中在徐家汇地区中心,与 10 年前相比集中在市中心和副中心;从消费额来看,三个小区的消费者相对来说是集中在徐家汇副中心,与 10 年前相比近郊区商业中心的消费地位是明显提升的,地区中心变动指数提升值是最大的。综合来看和 10 年前相比现在居民消费重心仍然是保留在副中心徐家汇,消费出行的趋势呈现扩散化,但是和市中心联系依然紧密。

　　其次从各类商品的市中心转移度来看,按照商品的等级划分为四类商品:日用品、高档服饰、黄金首饰、家用电器,市中心的依赖度是以选择市中心和徐家汇比例加和来测度的,比如说高档服饰有多少人选择了市中心和徐家汇,就是将这个比例加和来测度市中心依赖度。市中心依赖度衰减就是以现在和 10 年前市中心以及徐家汇选择比例的变动来测度的。从得出来的值看,除了家用电器以外,随着商品等级的提高,日用品、高档服饰、黄金首饰对市中心的依赖度是逐渐提高的,与 10 年前相比市区的依赖度衰减,随着商品等级的提高它的衰减率是降低的,仍然是除了家用电器。主要是因为家用电器消费场所的特殊化,它的专业化市场的完善逐渐是向郊区发展。第三点是服装和黄金首饰的消费主要是位于市中心和副中心,家用电器的消费主要是位于相对分散布局的专业化市场,日用品的消费主要是位于分散布局的一个大卖场。除了家用电器以外,相对高等级商品的消费出行仍然较多保留在市中心和副中心,而低等级的消费则较多地转移到了郊区。

第三个是不同郊区化作用影响下的差异特征。

我想判断一下近郊居民消费行为是不是存在一定差异性?这个差异背后是什么样的因素影响?以及他们的变化规律是什么?方法是用频率、消费中心消费额以及各类商品的主要消费场所进行比较。通过统计分析发现,影响有两大因素:一个是居住时间,一个是工作地区,居住时间的特征差异反映了一个居住郊区化和商业郊区化的影响。工作岗位的特殊差异反映了工作郊区化的影响。

首先是居住时长。以 10 年为界,分为 10 年以上和 10 年以下两大群体,通过分析可以发现,第一,随着居住时间的增加,各级商业中心消费强度是降低的。相对来说,每一级的消费都是 10 年以下的新居民的消费值要高于 10 年以上老居民。第二,10 年以下的居民消费重心是位于徐家汇的副中心,而 10 年以上的居民消费重心是地区商业中心。

从各类商品的消费特征来看,10 年以下居民无论是日用品、高档服饰、家用电器、黄金首饰,相对来说,更偏向于高等级的消费场所。比如说服装,新居民较多的是使用副中心,而 10 年以上的老居民较多使用闵行地区的地区中心。也就是说从消费场所来看在相同的环境下随着郊区居住时间的增加,各类商品高等级消费场所选择比例是下降的。

其次就是工作地点的差异,工作地点我分为工作在市区和工作在郊区。通过分析看到工作地点的影响,从整体近郊居民消费变化里面体现并不是很明显,或者说我无法解释,我这里面就用不同居住时长的人群变动差异来解释,我是通过频率来测度的。把 10 年以下的居民分为工作在市区和工作在郊区,以及 10 年以上的居民分为工作在郊区和工作在市区,通过分析发现对工作在市区并且居住在 10 年以下的居民来说,基本上他对市中心的消费频率是不怎么变的,徐家汇是增加较多的。如果是对工作在郊的新居民来说他对这两者的消费频率都是下降的,那也就是说对于 10 年以下的居民来说,随着工作岗位的郊区化,他们对市中心和副中心的消费频率是绝对量的减少。对于市中心和徐家汇,10 年以上居民如果工作在市区的话,他的消费频率是增加的;如果工作在郊区,基本是不怎么变的。那也就是说对于 10 年以上的居民,随着工作岗位的郊区化,他们对于市中心以及副中心消费频率增加的相对量是减少的。

因此,近郊居民可以分类成 10 年以下和 10 年以上,而分别反映了居住郊区化和商业郊区化,居住郊区化对于转移市区高等级商业的设施的贡献量是相对较小的,而商业郊区化相对于转移市区高等级商业的贡献是较大的。通过工作岗位对两者的结合分析来看,工作岗位的郊区化对居民减少市中心出行的影响是比较大。

主持人孟斌:下一位,欢迎来自北京大学的马静,她给我们带来的报告的题目是"居住空间、出行行为与城市交通碳排放的关系研究"。

4 居住空间、出行行为与城市交通碳排放的关系研究

马 静

马静:各位老师下午好!

我讲之前先说一下我的这个研究,因为我和肖作鹏用的是同一套数据,做的也是同一个主题,都是交通碳排放,那么我跟他的研究不同点在哪里?

首先我们采用的出行行为的测量指标可能有所差异,比如说他用的是小汽车的出行概率,我考虑更多的是每个人一天当中他低碳出行方式的一个出行概率,当然低碳出行方式就包括步行、自行车和公共交通。

第二个不同点就是我们所采用的碳排放的转换因子是不一样的,相信很多老师对这个也比较关注,我查了很多资料,国内关于碳排放的转换因子还没有一个统一的标准。碳排放其实是包括两个部分:一部分是直接碳排放,就像小汽车通过尾气直接排放的二氧化碳;另外一种因为是总的碳排放等于直接碳排放加间接碳排放。就像小汽车用的燃料在生产过程、工作过程中所排放的二氧化碳。肖作鹏用的是直接碳排放的转换因子,我用的是总碳排放,是直接碳排放加间接碳排放的转换因子。

第三个就是测量尺度的问题,这个刚才王德老师也提到这个问题,他采用的是以家庭为单位来测算一个家庭的总的碳排放,我主要采用的针对个人一天出行的总碳排放。为什么考虑个人? 是因为我觉得家庭其实是一个比较复杂的单元,涉及家庭内部成员之间的相互关系,比如说家里面有一辆小汽车,到底谁去用这辆小汽车,可能直接涉及男家长或者是女家长的个人偏好,包括他的出行偏好这样一个问题。另外一个方面我们通过城市规划对出行行为产生的影响,最直接的对象其实是个人,并且每个人有一定的居住选择偏好,有一定的出行行为的偏好,所以我在考虑的时候就想如果以家庭为单位来算碳排放,其实是在一定程度上把家庭内部成员均质化了。

第四个不同点是最重要的,是我们两个的理论框架不一样,这个我在后面讲。

首先研究背景。全球对气候变化的关注引发了一系列低碳概念的产生。包括 2003 年

英国一位学者,他提出低碳经济,试图从经济领域来解释碳排放,到了 2007 年日本提出低碳社会,试图将低碳从经济领域拓展到社会生活领域,从社会生活领域来减少人们的碳排放。但是不管怎么说城市是一个碳排放的基本单元,目前 50% 以上的人口都居住在城市,而城市所排放的二氧化碳占总的二氧化碳的 80% 以上,所以后来很多研究都是针对低碳城市,也是在 2007 年低碳城市这个概念正式被提出来。

　　城市涉及的碳排放领域主要包括三大部门:一个是工业,一个是建筑,另外一个就是交通。为什么很多人研究城市交通碳排放? 一个原因是交通碳排放增长速度是非常快的,它的增长速度超过了其他任何一个部门,尤其是在经济转型国家,发展中国家。中国目前属于经济转型阶段,它的城市正处于不断重构的过程中,城市不断地向外扩展,居民的收入水平不断地提升,这样导致小汽车的拥有量大幅度地增加,并且小汽车的使用量也是大幅度地增加,造成了二氧化碳的排放以及大量的能源消耗等等。

　　关于城市交通碳排放的问题大家研究的集中点包括两个方面:一个是什么样的因素影响城市交通碳排放,另外一个是怎么减少城市交通碳排放。我总结了影响因素大概是包括三个方面:第一个是针对个人的出行,包括出行次数、出行距离,以及出行方式的选择;第二个涉及城市空间结构,因为很多研究论证了城市空间结构,包括土地利用以及路网设计,或者说密度,在一定程度上会对你的出行行为产生影响。在这个方面当然也提出了一些新的理论,像新城市主义或者紧凑城市等等。第三,目前研究比较多的就是从技术方面来减少碳排放,包括每种交通方式所消耗的燃料以及所排放的二氧化碳程度和使用效率。从技术方面减少二氧化碳的排放,从理论来说是很重要的,因为一般涉及新的技术,比如说现在很多人在研究发展新的能源,比如说氢或者是其他的,但是这种技术涉及很大的资金量,而且它是一个长期的过程,并且你设计出来的在具体应用的过程中也会存在很多的问题。因此,也有一些研究主要是针对城市空间结构以及出行行为之间的关系,试图从城市规划这个角度来改变人们的出行方式。

　　另外,从根本上来说,城市空间结构对碳排放其实是产生一个结构性的影响,因为城市空间一旦建成很难改变,它对碳排放是有一定的锁定效应。但是目前在国内外研究城市空间结构、出行行为以及城市交通碳排放关系的都是比较少的,并且这些研究更多的是集中在发达国家,中国低碳城市研究目前更多的只是概念的引进以及理论的探讨。从微观角度来研究城市空间结构与出行行为、碳排放之间的关系是有意义的。

　　因此,本研究目的就是探讨微观层面上居住空间以及出行行为和城市交通碳排放之间的关系。采用的方法是结构方程模型。我说一下我的理论框架,主要探讨的是四组关系:第一组关系是出行行为和他日常出行碳排放之间的关系;第二组是城市空间结构或者城市形态、土地利用对出行行为所产生的关系;第三组是城市空间结构对碳排放直接产生的影响,以及通过出行行为间接产生的影响；第四组关系考虑到个人自选择或者个人偏好问题，像一些人可能倾向于选择某一类型的社会空间结构，你建成那种高密度的或者是紧凑城市，他并不喜欢，可能不会去选择，存在居民的自选择过程。

当然居住空间的测量指标方面也是，因为目前研究比较多的就是注重 3D。我选择的也是基于这三个指标：一是公共交通可达性，选择了一公里范围内是不是有地铁站点？二是考虑土地利用混合度，主要采用的是零售业的从业人员的数量，因为只考虑商店的个数可能会忽略商店的规模、面积等等。如果考虑零售业从业人员会更能表现出零售业的密度；三是路网设计方面，选用的是低等级的路网密度，低等级包括 4、5 级道路，就是比较适合步行的道路的长度。出行行为方面主要考虑出行频率、总的出行距离以及低碳的出行概率等等。

关于碳排放因子换算标准，因为查了很多资料，国内目前没有统一的换算标准，所以暂时采用欧盟公布的统一标准，把各种交通方式直接碳排放和间接碳排放加和，测算了总的碳排放。

研究框架第一是考虑到出行行为，并且考虑到出行行为内部的一个相互关系，就是说你的出行距离和出行频次，它可能对你每一次出行交通方式选择产生影响；第二是考虑出行行为和日常出行碳排放之间的关系；第三是居住空间对出行行为的影响，以及对碳排放直接、间接的影响；第四就是考虑到这些变量作为内生变量，考虑居民自选择的过程，包括居民的居住选择和出行的偏好。

研究数据我就不介绍了，因为这个和肖作鹏用的是同一套数据。我是基于工作日的活动日志，统计了工作日有效样本是 1048 个居民，总共出行了 3400 多次，平均在工作日每个人出行基本上是 3 次左右。关于分布情况，我们选取的数据不仅是分布在不同的地方，而且也是可以归到不同的社区类型里面，比如说普通社区、单位社区、商品房和政策性住房，而这些社区的居住环境是不一样的，周边的空间组织也是不一样的，如到地铁站点的距离，零售业的密度，以及低等级路网密度也是有差别的，但是总的来说可以看到单位社区和普通社区的商业密度相对比较高，低等级路网密度相对比较长，而商品房和郊区的政策性住房是相反。通过对不同社区出行和碳排放的比较，可以发现单位居民出行总的距离比较短，总的碳排放相对比较少，商品房，尤其是政策性住房，其居民出行距离是最长的，碳排放也是最大的。

首先，居住空间对出行产生的影响。通过分析可以发现公共交通可达性，还有低等级路网密度对出行频率和低碳的出行方式是具有显著的正效应，也就是说公共交通可达性越好的地方，低等级路网密度越大的地方，更能促进居民选择低碳的出行方式，而土地利用混合度以及公共交通可达性对居民出行具有显著的负效应，也就是土地利用混合度越低的社区，居民出行频率相对越大。

其次,居住空间和出行行为对碳排放产生的影响。主要表现为土地利用混合度、公共交通可达性以及低等级的路网密度对碳排放都有一个显著的负的效应,也就是土地混合度越高,公共交通可达性越好,低等级路网密度越长,越有助于减少个人的碳排放。另外,采用低碳的出行方式能显著地减少碳排放,而增加出行距离会显著地增加碳排放。

同时,男性、年轻人、小汽车拥有者、雇佣居住和高收入群体的日常出行碳排放相对是比较高的。居民的自选择过程可以发现女性、被雇佣居民,以及没有小汽车的居民,都更倾向于选择土地利用混合度比较高、公共交通可达性比较好的社区来居住,而老年人、被雇佣者、低收入群体,以及没有小汽车的居民更倾向于居住于低等级路网密度比较高的社区。

最后,研究的结论就是居住空间对出行行为,以及城市交通碳排放产生显著的影响。也就是说紧凑城市其实对减少碳排放方面是有益的,鼓励居民采用公共交通的出行方式会大大减少城市交通碳排放。中国传统的居住社区,如单位、胡同在某种程度来说是一种比较低碳的空间组织形式,因为它具有更高的可达性,更好的土地利用混合度,以及低等级的路网密度,它的居民出行行为是更低碳化的。最后一个结论是,居民具有一定的自选择过程,他对自己的出行以及居住的地方有一个偏好过程,这些在以后的研究中应该给予考虑。

谢谢大家!

第五部分　职住空间与通勤行为

主持人张景秋:专题五是"职住空间与通勤行为",也是严格控制一下时间,我们争取在6点半结束。第一位是北京联合大学应用文理学院的孟斌博士,他做的报告题目是"北京通勤时间变化及影响因素研究"。

1　北京通勤时间变化及影响因素研究

孟斌:各位老师,下午好!

我这次汇报的题目是关于北京城区居民通勤时间变化及影响因素的分析,来自我主持的国家基金,我的基金项目做的是职住分离,职住分离当中有一个非常重要的指标就是以通勤时间作为它的衡量指标。2005年我们做过一个大样本的问卷调查,今年我们在暑期的时候又做了一个将近两千份的问卷,今年的问卷做完之后我们做了一些分析,有一个比较有意思的分析结果是对时间的关注。我主要从三个方面汇报:第一,简单介绍一下我们的数据和研究方法;第二,汇报一下我们对于通勤时间变化得到的一些结果;最后是对这种变化影响因素的一些解释。

我们的调查样本区主要是在四个区域:CBD和中关村以及望京和天通苑,这四个区域有一定的代表性,前两个都是我们所谓的就业集中地,后两个都是我们所谓的居住集中区域。我们在问卷当中设计了一个地图,把被调查人的居住地点标注在图上,用不同颜色区分,蓝点代表工作地,红点是居住地。虽然我们调查的采样区域是这四个,但是样本在空间上的分布在北京城区还是相对均衡的。

之所以特别关注时间是因为在今年暑假的时候听到一个数据,说北京是中国最拥堵的一个城市,它的通勤时间已经到52分钟,这个是2010年中国信息城市化报告提出来的,这个数据提出以后网上讨论非常热烈。但是我当时就有一个怀疑,因为我们在2005年做过一个问卷,得到的时间是 38 分钟,在几年的时间里面有没有可能提高接近 40%,我是抱怀疑态度的。我们这次问卷调查之后的结果证实了我的怀疑,我们得到的结果是 45 分钟。

我们的调查是不是可信,同样我们做了一些比较,在 2007 年的时候北京有一个首都社会发展报告,它当时提出的时间是 1 个小时 20 分钟,但这是通勤全程时间,就是往返,单程的话(我们所提出的时间都是单程时间),在 2007 年对四城区的调查结论是 40 分钟左右,在 2005 年得到 38 分钟。在 2005 年北京市还有一个更大规模的调查是交通综合调查,它给出上班出行时耗是 37.48 分钟。所以从这样几个数据对比来说,我觉得我们数据的可信度可能比 2010 年的报告要高。

为了了解 52 分钟的数据,我特地买了一本报告,看了几页,就看它通勤时间的计算,我觉得它的计算是有问题的。它是根据城市结构把出行比例、土地利用等等作为一个参数,构建回归方程拟合出来的一个结果,这样的拟合最重要的是它没有考虑到步行时间。实际上,步行在出行中还是有一定的比例的。另外,在它的报告当中通勤时间远远被高估了。

我们在调查时,也同样和 2010 年的数据做了一些比较,因为 2010 年有一个更大样本的交通调查报告的数据,对比结果发现我们 2005 年的数据还是比较好的。我们将 2010 年和 2005 年的数据也做了一些比较,从样本的属性来说,总体能够满足我们需求的。我们主要用的方法是空间分析。

我们有三个基本看法:第一,通勤时间增加还是比较明显的;第二,通勤的总出行高峰时段有所延长;第三,从空间上看,通勤时间的变化也存在显著的差异。

汇总数据我们可以看到通勤时间整体的变化,从不同的时段对比来说有这样一个现象(除了 2005 年把整体的样本拿出来,最后我们也把这次调查的四个区域特别挑出来作为对照区域来看):实际上在第一时耗的通勤比例有明显地下降,特别远程的时间实际上也没有太大的增加。也就是说整体的通勤时间实际上存在两头减少、中间增加的这样一个态势。

第二个特点我们比较了一下通勤的高峰时间,对照的数据是 2005 年的交通评估报告,交委做的这样一个数据。通过与我们 2010 年的数据比较,可以发现以 15% 的时间比例来看,早高峰时间在提前,晚高峰时间也错后了,整个高峰期延长。另外高峰期拥堵情况,出行的人次明显增加,我们问卷当中会问他出发的时间,这样我们看到早晚两个高峰里面都会存在这样一个现象,这个可能和北京现在实行的错时上下班也有一定的关系。

在空间上我们也特别比较了这四个区域,在 2005 年和 2010 年,一个是看两个年份的差异,另外一个很重要的就是我们可以看到它标准差的变化。今天上午王老师提到我们怎么用最短问卷、最小的样本获取我们需要的数据,实际上我们从这个地方可以看到,在这个抽样之前我试图用我的导师王劲峰老师的抽样模型对抽样方案做一个优化,他提出了空间抽样模型。一个基本的假定就是在标准差比较小的区域我们可以布置相对比较少的样本,在标准差比较大的区域我们要布置更多的样本。在 2005 年的样本中,标准差比较大的是天通苑和望京,用软件计算的结果是天通苑要求我们出的样本数最高,我们当时不太理解,后面把这个标准差拿出来看看确实有这样的要求。时间的变化上总体都是在增加通勤时间,只有天通苑在减少。我们觉得主要是三个方面的原因,第一,北京市交通本身的发展和变化;第二,和通勤行为有关系;第三,北京城市规划造成的影响。

交通发展方面,我们简单地比较了北京市机动车的保有量,从 2000 年到 2010 年,2010 年的数据上周好像公布是到 470 万左右,到 2015 年规划是到 700 万。机动车大量的增加从客观上会增加我们的通勤时间。同样,我们也比较了私人小汽车的拥有量,但是最新私有小汽车的保有量数据我们还没有查到。

从通勤行为来看的话,我们主要是比较交通工具的选择。我们可以看到,在整体比较当中地铁的比重还是在大量地增加,我们很多人会认为地铁的比重增加会减少我们的通勤时间。在另外一个问卷当中我们试图描述是不是确实会增加或者减少? 但是实际上它是扩大了我们的出行半径,不一定减少我们的通勤时间。

私家车的比例,我们 2005 年的调查数据和北京市交委的数据比较接近,但是 2010 年的数据,我们后面对这个数据不太满意的地方就是私家车的问题,这可能是和我们采用的调查方式有关,我们是街头拦截式,客观上会造成调查对象的低门槛,我们不是入户调查。

整体概述空间、时间变化,我们进一步对四个区域做了一个比较,可以看到在不同的区域里面,天通苑的时间有所减少,主要的影响因素实际上是地铁,因为对特定区域来说增加开通地铁可以减少出行时间,对于整体来说地铁的增加实际上是扩大了通勤半径。

我们也对两个就业中心区做了一个比较,发现中关村整个私家车的拥有量和我们上一次调查有很大的不同,这主要是和我们街头拦截调查方式有关系。

很多老师在做这样的问卷调查,入户方案和调查方式的选择,一定会对结果有偏差影响。如果是做网络调查,一定是假定选取上网的一类人群,我们做街头拦截调查就会有一个假定,遇到的被访对象当中步行的人更多。

我的汇报就到这里。

主持人张景秋:谢谢孟斌老师! 有问题一会儿我们统一问。下面有请党云晓,她和张文忠老师来自中科院地理所,她汇报的题目是“北京城市居民住房消费行为的空间差异及其影响因素”。

2　北京城市居民住房消费行为的空间差异及其影响因素

党云晓

党云晓:各位老师、同学下午好!

跟前面几位报告相比这是一个非常小的故事,我就简短地给大家介绍一下。我的题目是"北京城市居民住房消费行为的空间差异及其影响因素"。

我来说一下研究背景,1998年我们国家住房市场改革以后,福利制住宅分配制度取消了,商品房市场开始建立,居民可以自由地购买住房、选择住宅区位,原来计划经济体制下职住合一的空间现象也开始弱化,职住分离现象开始突现,同时住房成本和通勤成本有所增加。在这样一个背景下我们想探讨一下北京市居民住房消费行为在空间上有什么样的差异,又有什么样的因素影响消费行为。

文献综述就不详细介绍了,研究内容在后面结论里再讲,理论基础我们用的是单中心的城市模型,其实简单地说住房价格的增加在数量上和通勤成本有一个均衡的关系,基于这样的等式来做我们的回归模型。

研究区域主要是北京6个中心城区,以及5个郊区大型居住区,134条街道,数据是2009年7月到8月实施的北京家庭住房消费行为的问卷调研。我们做了两个模型,第一个是以住房总价作为背景式变量,在这里加入这一变量是因为当时想要考察通勤成本和住房总价的关系,此外还加入了反映居民社会经济属性的变量,比如收入、性别等。还有两个制度变量,主要是户口和家庭住房产权。在制度稳定期通勤时间前面的系数应该是负的。第二个模型是住房面积,与第一个模型相比只是被解释变量的差异,我们预期前面的系数为正,因为随着居住区位离城市中心距离的增大房价会有所下降,居民选择住房的面积是可以增大的。

主要的统计变量不做解释,收入和年龄、教育水平作为分类变量来处理。下面是模型的回归结果,第一个模型是住房总价的结果,模型二是住房面积的结果。主要想看一下通勤时间,模型二是不太显著的,在模型一里回归系数是-0.13,非常显著,也就是说随着家庭通勤时间的增长,住房的总价有所减少,他们之间的负向关系可以被证明。

其他的变量,如收入、年龄、工作类型、住房产权也是比较显著的,这些变量不再详细解释。以收入为例,我们在这里基于收入做了一个划分,从低收入、中等收入以及高收入三个族群来看一下各个族群的通勤时间与住房总价与住房面积之间的关系。从住房总价回归模型的结果,可以看出中等收入和高收入通勤时间的系数是显著的,系数值分别是-0.02和

－0.04,对低收入族群来说不显著。

对住房面积来说模型效果不太好,因为我们看到低收入、中收入、高收入的通勤时间都不太显著,而且系数都不大。要说明一点,不管是住房总价模型还是住房面积模型,住房产权分类系数都是非常显著的。我们将住房产权分为公房(即单位房)、经济适用房、商品房三种。我们对住房产权居住区位角色差异进行了一个分析。对经济适用房和商品房来说它的通勤系数也是比较显著的,经济适用房是－0.02,商品房是－0.01,公房系数不太显著。这个是住房总价的回归结果。住房面积的结果是经济适用房是显著的,经济适用房系数是0.01,与我们预期相符,有意思的一点是公房它也是显著的,为－0.01,它的系数得出来是负的,这个我现在还解释不了,希望各位老师可以给予指导。

前面一些变量因为时间关系不再解释。

这个是主要的结论,前面已经做过一些总结不再赘述。谢谢各位老师!

主持人张景秋:一会儿讨论的时候如果老师有问题可以问一下,因为她讲得很快,那么多模型里面还有变量。下面请首都师范大学资源环境与旅游学院的王晓瑜同学就转型期北京职业女性的就业行为响应特征进行报告。

3　转型期北京职业女性的就业行为响应特征

王晓瑜

王晓瑜:各位老师、同学,大家下午好!

我今天讲的是转型期职业女性就业行为的响应特征,是我们基于对北京城区30位职业女性的访谈所做的初步研究,请大家指导。

我们知道转型期中国就业市场发生很大的变化,伴随着国有企业的改革和用工制度的变化,居民的自主择业权增加,就业行为日益复杂化,所以就业行为研究成为一个新的热点,而且研究发现女性在转型过程中承担着比男性更重的转型成本。目前国内学者对于中国女性就业研究主要是通过与男性的比较,探讨女性的就业规模、就业结构、就业类型及流动和就业空间等问题。从20世纪80年代到现在,女性的就业次数、人数、就业率都在呈下降的趋势。在结构方面,女性开始向第二产业、第三产业转移,并且在第三产业的聚集比较明显。但是与男性相比女性总体还是一个中低的职业结构。转型过程中女性在知识、技术等领域实现了向上的职业流动。同时有研究者发现女性在这个过程中比男性更容易遭遇向下的职业斗争,国外学者很关注中国女性在转型期的研究,他们大部分认为在转型期女性的地位并没有得到改善,而且男女差距在进一步地扩大。

　　因为觉得已有研究单纯从男女的比较来分析,缺乏对女性内部就业行为的关注,所以我们对 30 位北京城区的职业女性进行了定性访谈,利用聚类分析方法对受访者进行分类,然后通过就业次数、就业频率、职业类型的变化来反映女性内部不同的就业行为响应特征。

　　首先介绍一下我们的访谈,访谈通常是在受访者家中,面对面以聊天的方式开始,并对全程进行录音,在这个过程中我们得到受访者的基本属性特征、就业历程,以及她在说这些历程时的语气,获取感受感官上的数据。回来后我们对数据的内容进行转录,建立编码体系,整理成有效数据。

　　我们主要采用了年龄、文化程度、户籍、初始单位类型和初始工作类型进行聚类分析。最后我们将 30 位女性分为 5 大类,她们分别是北京低学历中年职业女性、北京高学历青年职业女性、北京高学历中年职业女性、外地低学历职业女性和外地高学历职业女性。

　　接下来我们就就业次数和就业频率得到每个特征的人响应不同的就业历程。

　　一是北京低学历职业女性是从稳定到波动的就业历程,我们可以发现被调查的女性的工作历程是分成阶段性的,前一阶段是单次长时间就业,而到后一阶段就是单次短时间频繁地更换工作,这主要是因为个人因素和社会因素造成的,而且我们可以发现转型期是国有企业体制改革对她们的影响最大。

　　二是外地低学历职业女性,经历了从波动到稳定的就业历程,我们可以发现在初期的时候她波动的原因是低文化程度和狭窄的关系网络,而在后期她们逐渐有了稳定的工作,这是因为她们工作经验的积累和关系网络的逐渐拓展,所以说转型期的影响是通过用工制度的改变为她们提供了就业机会。

　　三是北京高学历青年职业女性,她们的就业行为是稳定的,我们可以发现她们的就业历程一般经历一次工作变换,或者是没有换过工作,最主要的原因是她们的学历较高或者所从事的工作专业性比较强。

　　四是外地高学历职业女性,她们是波动的就业历程,并逐步也会进入一个稳定阶段。与外地低学历职业女性进行比较,她们的就业历程有相似的地方,但是波动的原因却不同,高学历职业女性会因为改变工作环境获得自我提升而主动地变换工作。而同时将外地高学历女性与北京高学历女性比较,发现虽然她们都拥有比较高的文化程度,但是就业历程却截然不同,这里可能是户籍对她们造成的影响。

　　五是北京高学历中年职业女性,这部分人没有特别一致性,她们内部情况非常多元化,我们发现其实造成这种现象的原因,一个是她们初始单位的类型和工作类型,另外一个是她们文化程度较高,可以在转型期有更多的应变方式、应变能力。

　　接下来我们将讨论就业类型变化,也就是职业流动对不同类型职业女性的影响。通过对每个样本的初始工作类型和现在的工作类型对比,我们发现:北京低学历职业女性是垂直向下的职业流动,采访中的几位女性原先都是国有企业职工,她们通过下岗被买断的形式离开了原有单位,也有被调查者是因为她所在企业停产以后就跟单位没有关系了,自己通过职业介绍所得到了一个宾馆的服务员工作,之后她又因为没有签合同而再次更换了工作。

我们发现北京高学历青年职业女性是一种自我实现的向上流动,这里举两个例子说明她们的职业变换方式是不同的:杨女士是从一个外企到一个事业单位,而小端是从国企到外企,虽然方向不一样,但是她们都是自我实现向上的流动。

北京高学历中年女性是向上流动的职业类别,因为她们的就业历程比较多元化,所以她们在这个指标上也没有什么一致性。但是我觉得还是学历使她们在转型期有更多的转型机会。

外地低学历女性是以劳动报酬为导向的向上流动。对于外地低学历女性而言,虽然工作大类没有发生变化,但是在寻找工作的过程中她们的劳动报酬会逐步提高,实现自己的一种稳定或者职业的向上走。

外地高学历女性也是一个向上流动的职业类别,或是自我实现的过程。因为有较高的文化程度,她们通过频繁的变换工作在北京这个陌生的地方实现自己的理想。

因此我们发现不管是就业历程中,还是职业流动中,北京低学历中年职业女性都是相对不幸的群体,但是和其他类型的多数女性一样,最终都获得了机会实现了向上的流动。我认为在以往的研究中过于片面或者单一化,没有将女性分开讨论,在下一步的研究中我想把空间结构作为就业行为选择的一种结果来探讨形成女性这样的空间结构的原因是什么? 还有一个方向就是想探讨一下关系网对女性就业行为的影响,也就是加入网络的概念,探讨女性在职业变动过程中关系网起到什么样的作用,会不会因为介绍人的不同而对她职业的变动产生影响?

主持人张景秋:非常感谢王晓瑜! 我觉得这个研究还是非常有意义的,下面请中科院地理所的谌丽,她和张老师一起做的关于北京低收入群体空间分布与演化的研究。

4　北京低收入人群居住空间分布与演变

谌　丽

谌丽:各位老师、同学,大家下午好!

我报告的题目是"北京低收入人群居住空间分布与演变",这个题目与上午刘志林老师提到她的一个基金项目题目比较类似,这里我是利用张文忠老师课题组 2005 年和 2009 年一个宜居的调查试卷开展的低收入人群的一些分析。

我的研究框架从四部分展开：理论、数据方法、实证及讨论。

首先简单介绍一下研究背景，从研究方面来说，经济地理学有一个制度转向、文化转向的趋势，促使经济地理研究不断向空间与社会的关系转化，人文地理学进入从空间分析到社会舆论的演化阶段，空间社会性逐渐引起人们的关注。

从实践方面来说，在 20 世纪 90 年代中末期以来经济体制转轨和市场竞争加剧的背景下，我国城市居民的贫富差距在逐渐扩大，也促使低收入群体成了我们研究的一个热点。国外对社会不平等的研究是比较成熟的，从 20 世纪 20 年代开始就有对社会阶层的研究，也产生了比较成熟的流派，如生态学派、实证主义学派等等，他们更多关注的是不同种族或者是海外移民的差距。我们国内是从 20 世纪 80 年代开始进入城市社会空间的分异，主要是进行了社会区的研究，利用生态因子方法来进行社会区的划分；从 20 世纪 90 年代开始对一些特殊的弱势群体展开相关研究。比如对流动人口的研究，以及城市农民工人群和贫困人群的研究；近几年又出现了新的研究趋势，比如刘云刚老师对日本专职主妇的研究，李志刚老师对广州黑人聚集区的研究。前两天我们地理所有一个博士开题，他的研究比较有意思，是以外来创业群体空间行为为主题的研究。他的外来创业群体就是已经获得大学学历以上的，从外地来北京的年轻大学生。

我的研究区域是北京城六区以及远郊的五个热点区域，这里就不展开说。

研究所用数据是 2005 年和 2009 年我们实施的大规模的居民调查问卷，涉及 134 个街道，发放近万份问卷，最终获取的有效问卷是 7647 份和 7928 份，需要提出的是这 7000 多份问卷都是针对全样本的，就是各个阶层，各个收入阶段都有。这里涉及低收入人群的界定问题。今天上午刘志林老师也提到，她是将人均家庭月收入 5000 元以下作为中低收入人群。我这里是将家庭月收入 3000 元以下作为低收入人群。其实我们问卷中也有一些包括住房交通的，之所以没有利用这些数据来综合划分一个低收入人群，是考虑到在后续的研究中这部分低收入人群可能有不同的类型。比如说他如果有住房却收入低，可能是本地年龄比较大的贫困人群；如果他没有住房，没有北京户口，有可能是外地流动的低收入人群。我们在这里就是这样一个简单的划分。

在这两年的样本中 2005 年低收入人群的数量是 2043 份，2009 年就只有 1136 份，比例有所下降。为了做两年的对比，后来的研究都是统计每个街道上低收入人群的比例，再来进行比较分析。研究方法就是统计出各类人群在街道层级的分布比例之后利用软件进行空间相关分析来看它区域集化模式，识别低收入人群分布的热点区域。

首先我们来看低收入人群的属性特征，从两年的比较来说，一个明显的特征是，年龄以 30 岁以下为主，家庭构成以单身及三口之家为主，学历以高中和大学、大专为主。从这两年的比较可以看出，我们问卷数据是有一致性的，但是也有一些微弱的变化，如年龄在 40 岁以下和 60 岁以上的人群有所增加,30 岁和 60 岁这个年龄段的人在减少。家庭构成方面,两口之家比例显著增加,三口之家的比例显著减少。学历上的变化相对少一些,但是低学历人群,初高中人群略有增加;高学历人群比例,包括大学、大专那部分略有降低。

为了了解低收入人群在北京整体空间集聚的情况,我们首先用一个统计指标来看,就是看它的极差、标准差和变异系数。我们发现 2009 年和 2005 年相比,它的极差和变异系数都有增加,特别是变异系数增加是比较显著的,也就是说低收入人群在不同街道区域空间分布集聚相对差异在增加。从另外一个方面我们用全局空间自相关指数来看,Moran 指数的计算就不展开讲,这个指数是位于 −1 到 1 之间,在显著水平也就是 P 值小于 0.1 的情况下,接近 1 表示相似的属性集聚在一起,接近 −1 表示相异的属性集聚在一起,接近 0 表示随机分布。通过两年数据相比就可以看到 2005 年 P 值没有通过显著性检验,也就是说它可能是一个随机性的分布,而 2009 年通过显著性的检验,呈现了一个 Moran 指数是 0.04 这样一个微弱集聚的特征。那么在全局空间随机分布的样本中也可能存在局部空间不相关的观测值,我们接下来通过局部不相关的指数的计算来识别一些具体的热点区域。

局部自相关指数的计算结果也是 −1 到 1 之间的值,我们选取了指数大于 0,即低收入人群比例高于均值的街道,根据 P 值分类显示就能识别出显著集聚的地区。从 2005 年来看这些地区主要是东四环的高碑店、东坝、王四营和黑庄户,到 2009 年转移到西边,西北五环往西南四环,共同点是都在四环外,但是 2005 年和 2009 年相比出现了一个很显著的变化,一个在东边,一个在西边。

我们前面提到 2005 年和 2009 年的基数是不一样的,2005 年有 2000 多份低收入人群问卷,而 2009 年只有 1000 多份,街道基数也不一样,我们为了识别它相对的变化率,设计了一个指数,就是计算相对变化率。以 2009 年该街道的值减去 2005 年该街道的值,除以 2 年全部均值的差值。计算出来的结果是从负到正的分布,我们根据 ArcGIS 里面的分类方法自然把它进行分级,识别出变化很显著的地区,以及相对显著、变化微弱的这样几个地区。可以看到低收入比例增加的地区主要是西四环外和南四环外,东部和北部大部分地区的低收入人群降低,三环内大部分地区低收入人群比率也是降低或者变化微弱。

为什么会出现这样一个现象呢?下面给出解释,但是我还没有完成,大概想从以下三方面展开,一是快速的城市化过程,二是北京近四年来大规模的住房开发,三是一些特殊事件影响,比如说北四环奥运会的影响,可能拆迁让一些低收入人群搬走了,所以那个地方情况好转。以上就是我的报告,谢谢大家!

主持人张景秋:柴老师问一个问题。

柴彦威:党云晓同学,我看你刚才着重在解释那几个方程的结果,你说都通过检验就带进去,但是你的方程整体的有效性检验,我看有一个方程是 0.08,其他几个大概是 0.2 几,在 0.3 以上还不多,如果用方程我们做的只有零点零几的话你的有效性是值得怀疑的,只有 8%对你的方程都解释了,那你方程意义在什么地方?

党云晓:当时我不会做,后来我也跟师兄讨论过,听到过,不是 R^2 小就代表方程解释的概率就很低。

柴彦威:你是一个线性方程吗?

党云晓:是。

柴彦威:线性方程的话,R^2 是最重要衡量方程好坏的指标,如果是线性方程一般我们不用 R 来衡量它,R 就是变量,它本身的含义就是你的变量能够解释多少它的变化,你的解释只有 8%,这是说它本身的含义。

提问 2:样本有多大?

党云晓:样本有两千多个。

提问 3:你所选因子的相关性可能是需要重新计算的,就是有相互解释的成分在里面,可能会影响到最终结果。

党云晓:现在没有把相关性剔除掉,下面还要逐步完善。

主持人张景秋:话筒也累了它要休息了,各位还有问题吗?

主持人张景秋:好。首先非常感谢各位一直从早上 8 点开始坚持到现在,我们这个会开得是非常有成效,而且也非常有趣,到现在当然也会很累,可能后续有很多东西还是得要慢慢消化一下。今天感觉就是头脑风暴,从上午到下午一下接收这么多的思想。如果下次我们还能有机会再承办这个会,我觉得一天半时间安排可能会比较从容,特别是拿出半天大家讨论,这样有些话题可以深入讨论,沙龙的味道更浓一点可能会更好。希望能有机会我们与各位合作再次承办。